架起心灵桥梁 进行真诚交流

塑造有效沟通力

主编 拾月
编著 曾甍

图书在版编目(CIP)数据

架起心灵桥梁 进行真诚交流：塑造有效沟通力
曾蕙编著. -- 北京：现代出版社, 2015.4
ISBN 978-7-5143-3581-1

Ⅰ.①架… Ⅱ.①曾… Ⅲ.①人际关系学－通俗读物
Ⅳ.①C912.1-49

中国版本图书馆CIP数据核字(2015)第082153号

架起心灵桥梁 进行真诚交流：塑造有效沟通力

主　　编　拾　月
编　　著　曾　蕙
责任编辑　王敬一
内文制作　诚美天下文化传播有限公司
出版发行　现代出版社
地　　址　北京市安定门外安华里504号
邮　　编　100011
电　　话　(010)64267325
传　　真　(010)64245264
邮　　箱　xiandai@cnpitc.com.cn
网　　址　www.1980xd.com
印　　刷　三河市华晨印务有限公司
开　　本　700mmx1000mm　1/16
印　　张　9
版　　次　2015年5月第1版　2021年4月第3次印刷
书　　号　ISBN 978-7-5143-3581-1
定　　价　29.80元

前言

每个青少年，都是这个社会中最宝贵的财富，正所谓“少年强则国强”，大至一个民族、一个国家，小至一个家庭、一个家族，都应重视青少年的教育问题。除此之外，也应该重视青少年在这个青春期里，是否能够感受到人世间的善、恶、美、丑。在每个人的人生中，除了需要自身独特的性格之外，还需要拥有感受世界的能力。

人格力、吸引力，能够打造专属个人的名片，扩展人生的宽度。

创新力、竞争力，能够修炼出独特的品性，散发阳光般的魅力。

自控力、成功力，能够时刻反省自身，不脱离人生正常的轨道。

抗逆力、执行力，能够修炼强大内心，提升自身领导能力。

行为、幸福，能够改变一个人的状态，抓住微小之间的幸福。

青春，是每一个人最美好的一段时光，也是每个人人格、性格定型的重要阶段，在这个时期，我们需要享受青春的快乐，同时也需要完成自我塑造。通过心理自助，最终从一个小男生、小女生逐渐成长为一个有着健全人格的人，成长为一个对社会、对家庭、对自我有着相对完整认知的人，成长为能够为自己的未来做主的人。这才是一个最充实、最有价值的青春。每个梦想都值得我们认真对待，每个青少年都是未来的希望。在青春之中，我们不仅要有欢乐，同时也要拥有未来！

本丛书是你化解烦恼的“心灵鸡汤”，可以给你增加快乐的心理自助法则；本丛书会让你认识到：掌控心理，方能掌控世界；改变自己，才能改变一切。本丛书还将告诉你：只有实现积极的心理自助，才能收获快乐而充实的青春。

目录

第一篇 真诚沟通：打开人与人交流的一扇窗

第二篇 讲求幽默：给沟通一个轻松舒适的环境

第三篇 慷慨赞美：你的示好可以拉近人心的距离

目录

第四篇 掌握技巧：多花心思，进行有效沟通

第五篇 言行谨慎：不轻视失言带来的层层涟漪

第一篇

真诚沟通：打开人与人交流的一扇窗

每个人都有表达的欲望，每个人都希望会被人倾听。当两个人的需求相遇，就需要两个人的相互的理解和真诚。毕竟感情的维系不是取决于外在的东西，而是心灵的真诚沟通，没有沟通，就没有了解，没有真诚的沟通，就没有感情的升华。

真诚的沟通需要推心置腹地表达自己的想法，如果总是留着后手，不诚实不恳切，那么自己所表达的内容和感情就不真诚。沟通的基础就在于相互理解和尊重，只有尊重对方的观点和态度，礼貌地辩驳而非争吵，这样才能避免不愉快的事情，才能打开对方的心灵之窗。

付出真诚，必将收获真诚

故事话题

大名鼎鼎的商鞅原本叫卫鞅，他其实也不姓卫，姓公孙，名鞅，原是卫国的一个没落贵族，所以大家管他叫卫鞅。他见卫国弱小，不足以施展他的才华，于是就跑到魏国，在魏国当了很久的门客，也没受到重用。卫鞅正郁郁不得志的时候，忽然听闻秦孝公招聘人才，他便决心离开魏国到秦国去。

秦孝公非常器重卫鞅，拜他为左庶长（相当于宰相），授给他推行新法令的大权，并宣布：谁反对变法，就治谁的罪。朝中的元老大臣都不敢吭声。卫鞅很快就把变法方案制订出来了，孝公完全同意。卫鞅怕新法令没有威信，老百姓不相信，推行不开，就想了个办法。

他叫人在都城的南门竖了一根三丈来长的木头，旁边贴了张告示说："谁能把这根木头扛到北门去，赏他十金。"不多会儿，木头周围就围满了人。大伙儿心里直犯嘀咕：这根木头不到一百斤，扛去北门不是什么难事，怎么给这么多的金子呢？该不是寻咱们大伙儿的开心吧。结果谁也不去扛。

卫鞅看没人扛，又把奖赏提高到五十金。这么一来，人们更疑惑了，都猜不透这新上任的左庶长葫芦里到底卖的什么药。这时候只见一个粗壮汉子分开人群，跨上前去，说："我来试试。"说完扛起木头就走。许多看热闹的人好奇地跟着，一直跟到了北门。

到了北门一看，只见新上任的左庶长早骑马到了，正在那里等着呢。他夸奖大汉说："好，你能够相信和执行我的命令，你是一个好人。"说完就把准备好的五十金奖给了他。这事儿很快就传开了，大家都说："左庶长说话算数，说到做到，他的命令可不是随便说说的啊！"于是卫鞅推行新法的时候在百姓间畅通无阻，因为大伙儿都知道，卫鞅言出必行，童叟无欺。

故事解析

正所谓“一诺千金，恪守诚信”，一千多年以来，人们都在重复着“诚信”二字，把诚信作为极高的道德标准，但是又有多少人真正做到了诚信，又有多少人知道诚信究竟是什么呢？商鞅变法告诉我们，诚信是立国之本，为了树立威信，推进改革，他悬赏搬木头，绝大多数人都不相信他会用这么多钱去奖赏一个仅仅是搬了木头的人，但是商鞅却是履行了诺言，他在百姓心中树立起了威信，推动了变法。

诚信同时还是交友之道，交朋友都要建立在双方诚信的基础上的，朋友之间没有了诚信，那么友谊也是假的，只有“与朋友交，言而有信”，才能达到“朋友信之”、推心置腹的目的。否则，朋友之间充满虚伪、欺骗，那不是真正的朋友。

一定要诚信待人，以诚信去理解他人。诚信是朋友之间永恒的桥梁；诚信是家人之间真心的沟通；诚信是师生之间交流的基础；诚信是一个人为人处世的基本素养。我们不管做任何事情都不能欺骗人，一定要以诚挚的心去对待别人。孔子曰：“人而无信，不知其可也”。做人首先要学会诚信待人，诚信做事，这样才会赢得别人的尊重。因为诚信是做人的基础。

故事穿越

一个顾客走进一家汽车维修店，自称是某运输公司的汽车司机。他说：“在我的账单上多写点零件，我回公司报销后，有你一份好处。”但店主拒绝了这样的要求。顾客纠缠说：“我的生意不算小，会常来的，你肯定能赚很多钱！”店主告诉他，这事无论赚多少钱他也不会做。

顾客气急败坏地嚷道：“谁都会这么干的，我看你是太傻了。”店主火了，他要那个顾客马上离开，到别处谈这种生意去。这时，顾客露出微笑，并满怀敬佩地握住店主的手说：“我就是那家运输公司的老板。我一直在寻找一个固定的、信得过的维修店，我今后常来！”

故事微语

面对诱惑，不怦然心动，不为其所惑，虽平淡如行云，质朴如流水，却让人领略到一种异样的山高海深。这便是诚信的闪光之处。

心灵箴言

言必诚信，行必忠正。

——孔子

如果要别人诚信，首先要自己诚信。

——[英] 莎士比亚

伟大人格的素质，重要的是一个诚字。

——鲁迅

谎言带不来任何好处

故事话题

春秋时期，齐国曾经联合宋、鲁、陈、蔡四个诸侯国攻打卫国，卫国被攻陷后，齐襄公担心周王会派兵来讨伐，于是就派大夫连称为将军、管至父为副将，统领兵马戍守在葵邱，二位将军临行前请示齐襄公说：“戍守边疆虽然劳苦，但是做臣子的不敢推辞，只是我们去驻守，主公得给我们一个期限，到期之后我们好回转来。”当时齐襄公正在吃瓜，就顺口应付说：“现在正是瓜熟时节，等到明年瓜再成熟的时候，寡人会派遣别人替代你们的。”

二位将军于是带兵前往葵邱驻扎。不知不觉间一年光景过去了。由于军务繁忙，二位将军把临行前和齐襄公的约定也渐渐地忘记了。忽然有一天，手下的兵卒向二位将军进献刚成熟的瓜让他们尝尝鲜。这时二位将军才想起和主公之间的瓜熟之约，思乡之情油然而生。心里禁不住泛起了嘀咕：“主公立下的期限已到，为什么还不派人来接替我们呢？”

于是两人差遣心腹前往国都打探情况，却没想到齐襄公竟然整天寻欢作乐，不理朝政，把约好的撤退日期早已忘掉了。二位将军很气愤：“你在国都享尽人间富贵荣华，骄奢淫逸，让我们在边疆吃苦受累，却忘了派人来替代我们！”于是二将派人向齐襄公献上刚成熟的瓜，希望主公看到这瓜能想起他们临行前的约定。

齐襄公看到瓜时，果然想起约定来，但他勃然大怒说：“替代不替代是我的主意，也应该是我说了算，为何还要来请求啊！等到明年瓜再熟时方可派人去替代你们！”

二将听了回报，气得咬牙切齿，当即密谋起兵造反。暗地里与公孙无知联合，杀死了齐襄公，拥立公孙无知为新的国君。

故事解析

再善意的谎言，其本身也还是谎言，这一点是毋庸置疑的。谎言就是欺骗，欺骗则不道德，不道德的事不得人心，不得人心就将付出代价。齐襄公信口开河、死不认账，终于死于非命。前车之鉴，后事之师，即便是帝王之尊，也可能因为一个谎言而粉身碎骨。面对谎言，我们扪心自问，是否曾经说过谎呢？有些人觉得，对自己的亲人、朋友说一些“善意”的谎话无关痛痒，大家都可能接受的，殊不知这正是人性弱点的集中表现。

马克·吐温曾经说过：“当你拿不定主意时，就说实话。它将令你的对手感到窘困，令你的朋友感到释然。”因此不管有着什么样的理由，以什么为借口，都不要轻易扯谎，哪怕是善意的谎言。

善意的谎言其动机是善意，但善意本身却存在着一定的不确定性，对说谎者而言，他可能没有恶意，但对被欺骗者而言，谎言总归是要伤害人的——这是不争的事实。谎言的本身是阴暗的，事物的好恶不由事物的目的去衡量，善意的谎言本身即是假话。尽管其脱去了乞丐服穿上了旗袍，可是依然摆脱不了其谎言的本质。谎言意味着欺骗，是诚信的天敌。即便这个谎言的出发点是善良的，但是这种谎言一旦被戳穿，对方受到的伤害会更深。

故事穿越

在古代，济阳有个商人过河时，船沉了，他抓住一根大麻杆大声呼救。有个渔夫闻声而至。商人急忙喊：“我是济阳最大的富翁，你把我救上来，我给你100两金子。”渔夫听了便把这个商人救了上来，没想到商人却翻脸不认账了。他只愿意给渔夫10两金子。

渔夫责怪他不守信用，出尔反尔。富翁却说：“你一个打渔的，一辈子也挣不了几个钱，突然得10两金子还不满足吗？”渔夫只得怏怏而去。不料后来那富翁又一次在原地翻船了，他急忙呼救，愿意出100两金子给那个救下自己的人，那个曾经被他骗过的渔夫说：“你是一个说话不算数的人，我可不会再上你的当了。”于是商人淹死了。

故事微语

因为一个人若不守信，便会失去别人对他的信任，所以一旦他处于困境，便没有人再愿意出手相救。失信于人者，一旦遭难，只有坐以待毙。

心灵箴言

说谎的嘴是发臭的洞。

——[英] 本·琼森

说谎话的人所得到的，就只是即使说了真话也没有人相信。

——[古希腊] 伊索

你需要十分小心地对待说谎，否则，几乎可以肯定你会被人抓住。一旦被人抓住，在善良真诚的人看来，你就永远也不再是从前的你了。

——[美] 马克·吐温

用心营造良好的沟通环境

故事话题

从前有一个秀才去买柴，以前这活儿都是他老婆干，可这天他老婆烦他，不愿意搭理他，所以只好秀才自己出马了。他刚到市场，见前面正好有个卖柴的人，他便指着那人说：“荷薪者过来！”

卖柴后生没读过书，听不懂“荷薪者”（担柴的人）三个字，但是听得懂“过来”两个字，又见那秀才指指点点，想必是找他买些柴火，于是便把柴担到秀才面前。

秀才便问他：“其价如何？”

卖柴的人听不太懂这句话，但是听得懂“价”这个字，于是就告诉秀才价钱。

秀才接着说：“外实而内虚，烟多而焰少，请损之。”

这句话卖柴的人寻思了半天，每个字倒是都听得懂，但连起来他一个字都没弄懂，因为听不懂秀才的话，他觉得这买卖做得比砍柴还累，自己犯不上受这个罪，于是担着柴就走了，这个买卖就黄了。

故事解析

语言是交流的纽带，沟通是相知的桥梁，理解是互信的平台。俗话说“见人说人话，见鬼说鬼话”，我们在处世的时候，一定要积极沟通，在进行沟通的时候，也一定要因人施语，切莫像故事中的秀才那样错失了机会。

沟通和理解是一门处世的艺术，是人们在社会的交往过程中所必需掌握的学问，是打开人际关系的钥匙。在快节奏的生活里，尤其是在现代社会，人们往往都不愿意花时间在沟通上面，人们往往觉得我还累呢，哪有功夫费劲跟你解释？这样一来，人与人之间便形成了封闭，产生了隔阂。有的时候会带来很多的猜疑和不必要的误解，给我们的生活、工作和学习带来了很多的不便。这就需要我们拿出一定的时间，用良好的心态，去理解、沟通人际间的关系，因为一个良好的人际关系能让你的事业和生活收到事倍功半的效果。

需要注意的是，沟通最重要的原则，是真挚和忍让。发自内心的真挚是人际之间交流的无价之宝，用心灵去沟通，比用语言沟通更有利。尽量从别人的利益和角度去思考，去沟通。而用忍让和关爱开启交流者，比千言万语的许诺更有力度。

哲人乔·比杜斯曾说：“人生并不重于你拿到多少的好牌，而在于如何打出手中所有的牌。”如果我们用平常心去待不平常事，用真挚、理解、坦诚、尊重的心去和人交往沟通，出言缜密，韬光养晦，以一颗包容之心展示自己，就会让我们在社会的交际中处于不败之地，也会让我们的人生大放光彩。

故事穿越

有一位表演大师上场前，他的弟子告诉他鞋带松了。大师点头致谢，蹲下来仔细系好。等到弟子转身后，又蹲下来将鞋带解松。有个旁观者看到了这一切，不解地问："大师，您为什么又要将鞋带解松呢？"

大师答道："因为我饰演的是一位劳累的旅者，长途跋涉让他的鞋带松开，可以通过这个细节表现他的劳累憔悴。"

"那你为什么不直接告诉你的弟子呢？"

"他能细心地发现我的鞋带松了，并且热心地告诉我，我一定要保护他这种热情的积极性，及时地给他鼓励，至于为什么要将鞋带解开，将来会有更多的机会教他表演，可以下一次再说啊。"

故事微语

有时候一个眼神就能传达一份真情，一个微笑可以分享一份默契。沟通其实很简单，但沟通有时候承载了许多不简单的情感。在人生的旅途中，我们每个人都很可能遇到为人处世的问题，我们经常要与人沟通。不必恐惧沟通，它能在"自我"与"他人"之间演绎出多姿多彩的生活，它展现出我们与人交往的过程、情感的聚焦、利益的取舍、思想的撞击。你或许有过切身的体验，或许也领略过其中的幸福与欢乐。当你苦闷与彷徨时，沟通能够产生心灵的冲动与震撼，它让情感与理智形成交汇，最终酿成一种富有诗意的憧憬和遐想。

心灵箴言

一场争论可能是两个心灵之间的捷径。

——[美] 哈·纪伯伦

有效的沟通取决于沟通者对议题的充分掌握，而非措辞的甜美

——[美] 葛洛夫

与人交谈一次，往往比多年闭门劳作更能启发心智。思想必定是在与人交往中产生，而在孤独中进行加工和表达。

——[俄] 列夫·托尔斯泰

与人沟通时要尽可能耐心一些

故事话题

美国知名主持人林克·莱特一天访问一位小朋友，问他说："你长大后想要做什么呀？"

小朋友自豪地回答："我要当飞行员！"

林克·莱特接着问："如果有一天，你的飞机飞到太平洋上空没油了，所有的引擎都熄火了，你会怎么办？"

小朋友想了想："我会先告诉坐在飞机上的人绑好安全带，然后我拿上降落伞跳出去。"

这句话一说，大家都笑哭了，林克·莱特看着这孩子，觉得这孩子也不像弱智啊，便问他："你为什么要把大家都留下而一个人逃走呢？"

没想到这句话一说，孩子的两行热泪夺眶而出，林克·莱特发现自己可能理解错了这个孩子，果然那孩子坚定地说："我没想要逃跑！我要去拿油，然后我还会再回来的！"

故事解析

沟通和理解是需要技巧的。在交流的过程中，人们往往会忽略一些细微的情节，沟通的时候，很容易忘却听者的感受，往往过于相信自己的判断，而忽略别人的需要和情感，这样的沟通，不但不能达到交流的真正目的，反而会适得其反。

一个良好的沟通方式，是建立在诚信和理解的基础之上的，站在对方的角度，用对方熟悉而能接受的语言和他交流，比你的热情更为重要。在很多时候，交流需要双方的热情，但用发自内心的理解和尊重去沟通，更能增进双方相互的信任和加深情感。永远不要去说“你不对”，“你错了”，当你的意见和对方不一致的时候，可以这样说：“你看这样好吗?”

沟通中最重要的一个环节就是耐心，我们每个人都经历过孩童时代，不出意外的话，也都将为人父母。我们自身的成长经历无疑会影响我们的一生，无论它是欢快还是苦痛。正因如此，当我们沟通时，我们更应该多想想对方的感受，试着去包容、忍耐对方，有时候我们所做的一切，并没有真正考虑对方的感受，只是一厢情愿地实现我们自己的欲求罢了，实质上只是为了我们自己内心的舒坦。这是一种极其自私的行为。

故事穿越

女儿向父亲抱怨她的生活，抱怨事事都那么艰难。她不知该如何应付生活，想要自暴自弃了。她已厌倦抗争和奋斗，好像一个问题刚解决，新的问题就又出现了。

她的父亲是位厨师，他把她带进厨房。先往三只锅里倒入一些水，然后把它们放在旺火上烧。不久锅里的水烧开了。他往一只锅里放些胡萝卜，第二只锅里放只鸡蛋，最后一只锅里放入碾成粉末状的咖啡豆。他将它们放进开水中煮，一句话也没有说。

女儿不耐烦地等待着，纳闷父亲在做什么。大约 20 分钟后，父亲把火闭了，把胡萝卜捞出来放入一个碗内，把鸡蛋捞出来放入另一个碗内，然后又把咖啡舀到一个杯子里。做完这些后，他才转过身问女儿："亲爱的，你看见什么了？"

"胡萝卜、鸡蛋、咖啡。"她回答。

他让她靠近些并让她用手摸摸胡萝卜。她摸了摸，注意到他们变软了。父亲又让女儿拿一只鸡蛋并打破它。将壳剥掉后，他看到了是只煮熟的鸡蛋。最后，他让她喝了咖啡。品尝到香浓的咖啡，女儿笑了。她怯生生问道："父亲，这意味着什么？"

父亲解释说，这三样东西面临同样的逆境——煮沸的开水，但其反应各不相同。胡萝卜入锅之前是强壮的，结实的，毫不示弱；但进入开水之后，它变软了，变弱了。鸡蛋原来是易碎的，它薄薄的外壳保护着它呈液体的内脏。但是经开水一煮，它的内脏变硬了。而粉状咖啡豆则很独特，进入沸水之后，它们反倒改变了水。

"哪个是你呢？"他问女儿。"当逆境找上门来时，你该如何反应？你是胡萝卜，是鸡蛋，还是咖啡豆？"

故事微语

沟通最好的方式莫过于“耐心引导”了。就像故事中的父亲那样，不要尝试着去讲一些大的道理，让对方去“悟道”比灌输道理更重要，我们在沟通中应该时常“引导”而不是强迫灌输，这样可以避免对方迷失方向，钻牛角尖。而“耐心”则是我们在沟通时最重要的环节，我们应该对沟通做好“持久战”的准备，并且时刻注意自己的态度和行为。

心灵箴言

推心置腹地谈话就是心灵的展示。

——[苏联] 温·卡维林

做一个好听众，鼓励别人说说他们自己。

——[美] 戴尔·卡耐基

向随便什么人征求意见，叙述自己的痛苦，这会是一种幸福，可以跟穿越炎热沙漠的不幸者，从天上接到一滴凉水时的幸福相比。

——[法] 司汤达

微笑让沟通变得更加顺畅

故事话题

威廉姆斯已经结婚18年多了，在这段时间里，从早上起床，到他要上班的时候，他很少对自己的太太微笑，或对她说上几句话。威廉姆斯觉得自己是百老汇最闷闷不乐的人。

后来，在威廉姆斯参加的继续教育培训班中，他被要求准备以微笑的经验发表一段谈话，他就决定亲自试一个星期看看。

现在，威廉姆斯要去上班的时候，就会对大楼的电梯管理员微笑着，说一声“早安”；他以微笑跟大楼门口的警卫打招呼；他对地铁的检票小姐微笑；当他站在交易所时，他对那些以前从没见过自己微笑的人微笑。

威廉姆斯很快就发现，每一个人也对他报以微笑。他以一种愉悦的态度，来对待那些满肚子牢骚的人。他一面听着他们的牢骚，一面微笑着，于是问题就容易解决了。威廉姆斯发现微笑带给自己了更多的收入，每天都带来更多的钞票。

故事解析

一位哲人曾经说过：“微笑，它不花费什么，但却创造了许多成果。它丰富了那些接受他的人，而又不使付出微笑的人变得贫瘠。它在一刹那间产生，却给人留下永恒的记忆。”

微笑，不单单是一种表情，更是一个人内心真诚的外露，是人与人之间沟通的桥梁，它让沟通变得更加顺畅，创造出无法言喻的精神力量和无法估算的财富。微笑常伴的人生如画卷上增添了亮丽的色彩；如美酒飘散着诱人的醇香；如一首拥有动人旋律的歌曲。它犹如是一盏大海上的引航灯给人希望，给人力量；又如一缕阳光穿透乌云，温暖大地和生灵。

有首诗这样写道：“微笑，哦微笑，只要你微笑，便有无数微笑回应你的微笑；只要你微笑，生命就充满欢笑。”微笑是是人与人之间的最短距离。俗话说，把你的痛苦与人分享，你的痛苦将会减少一半；把你的快乐与人分享，你的快乐将增加一倍。与别人一起分享快乐是一种美德，因为快乐能够传染。微笑着面对人生，人生也会向你微笑。

故事穿越

有一位单身女子刚搬了家，她发现隔壁住了一户穷人家，一个寡妇与两个小孩子。有天晚上，那一带忽然停了电，那位女子只好自己点起了蜡烛；没一会儿，忽然听到有人敲门，原来是隔壁邻居的小孩子，只见他紧张地问：“阿姨，请问你家有蜡烛吗？”女子心想：他们家竟穷到连蜡烛都没有吗？千万别借他们，免得被他们依赖了！于是，对孩子吼了一声说：“没有！”

正当她准备关上门时，那小孩展颜笑着说：“我就知道你家一定没有！”说完，他从怀里拿出两根蜡烛，说：“妈妈和我怕你一个人住又没有蜡烛，所以我带两根来送你。”这一刻女子自责、感动得热泪盈眶，将那小孩子紧紧地拥在怀里。

又是一天，这女子一个人在家。突然听到敲门声，打开门时，发现一个持刀的男人正恶狠狠地看着自己。她灵机一动，微笑着说：“朋友，你真会开玩笑，是推销菜刀的吧？要一把吧。”边说边让男人进屋，接着说：“你很像我过去一位好心的邻居，看到你真的好高兴，你要咖啡还是茶？”

本来脸带杀气的歹徒渐渐腼腆起来。他有点结巴地说：“谢谢，哦，谢谢。”

最后，女子真的“买”下那把明晃晃的菜刀，陌生男人拿着钱迟疑一会儿真走了，在转身离去的时候，他说：“姑娘，你改变了我的一生。”

故事微语

微笑让我们如此美丽。微笑是心底的一股泉水，它使我们的内心丰富而深情。微笑之于朋友，是心灵的默契；微笑之于陌生人，是心灵的最短距离。

微笑是一种向善的力量。我们都要用宽容和坦荡的微笑给心灵安个小家。人世间的误解，有时只需一个真诚的微笑，就可以化解。微笑是人与人之间最廉价的沟通方式。如果我们用微笑去认识彼此，世间的恩怨情仇就会冰雪消融。恨意、妒嫉、恐惧也就不复存在。

心灵箴言

当生活像一首歌那样轻快流畅时，笑颜常开乃易事；而在一切事都不妙时仍能微笑的人,才活得有价值。

——[德] 威尔科克斯

嘴巴甜一点，行动快一点，效率高一点，做事多一点，说话轻一点，微笑多一点美是上帝的微笑，音乐是上帝的声音

——[英] 罗·安·约翰逊

不要因为结束而哭泣，微笑吧，为你的曾经拥有。成熟并不是心态的变老，而是泪在眼中还能保持微笑。幽默是心灵的微笑。最深刻的幽默是一颗受了致命伤的心灵发出的微笑。

——周国平

第二篇

讲求幽默：给沟通一个轻松舒适的环境

不同背景的人在进行沟通时，会存在一种人际落差，这是一种看不见的“沟渠”，它很可能在认识上形成差异，产生矛盾。如果沟通的双方运用幽默的技巧进行沟通，就能缩小或消除差异，化解矛盾，达成共识，形成广泛的认同。

当我们在言语中带有幽默语气，面带笑容地说出自己想法的时候，对方会立刻觉得轻松舒适，适度的幽默对建立良好的气氛有很多好处，它营造一个友好、轻松、诚挚、认真的合作氛围，让大家的精神放松，从而进一步密切双边关系，具有实质性的意义。

幽默是沟通的润滑剂

故事话题

一位乔迁新居的夫人打电话给建筑师投诉她的房子，说附近有个火车站，每当火车经过时，她的睡床就会摇动。

“这简直是无稽之谈。”建筑师回答，“我来看看。”

建筑师到达后勘察了房间，向夫人保证说，房间本身没有任何的问题，如果是火车的问题那他就爱莫能助了。

夫人对建筑师的推诿很不满意，她建议建筑师亲自躺在床上，体会一下火车经过时的感觉。

没办法，建筑师只好上床躺下等待火车的经过，就在这时，夫人的丈夫回来了。他见此情形，便厉声喝问：“你躺在我妻子的床上干什么？”

建筑师急忙从床下滚下来，战战兢兢地回答：“我说是在等火车，你会相信吗？”

故事解析

很多时候人们在解决日常生活工作等方面的问题时，往往要与别人进行交涉和沟通。而沟通是一门颇为深刻的学问。如果在沟通中产生了分歧或者误会，又要怎样才能化戾气为祥和呢？那就只有兼用幽默和真诚才能做到了。

就像故事中的建筑师那样，当我们把事情弄得很紧张、很严重的时候，如果能从这种白热化的僵局中看出其中所包含的幽默成分，便可以利用这种幽默来巧妙地避免麻烦和纠纷。当然，最终决定你能否摆脱困境的，不全是幽默，而是你的真诚，如果这位建筑师真的做了什么见不得人的事，哪怕他舌灿莲花也脱不了身。

在沟通的过程中有时候会遭遇尴尬，双方没有话题，不知道该怎么将谈话继续进行下去的时候，不妨说说玩笑话，幽默的语言虽然含蓄，但却具有极强的穿透力。藏寓意于平淡，怀锋芒于微笑之间。有时候能够一针见血，让双方顿时不再尴尬。尴尬的场面总是给大家带来很多不快。如果想从窘境中快速脱身，不妨试试幽默的方式。

故事穿越

在邮局大厅内，有一位老太太走到一个中年人跟前，十分客气地说："先生，你帮我在这张明信片上面填写一下地址好吗？"

"当然可以。"中年人按老人的要求做了。

老太太接过明信片，眯着眼睛看了看，又对那中年人说："麻烦你再帮我写上一小段话，好吗？谢谢！"

"没问题。"中年人照老太太的话写好后，微笑着问道："还有什么要帮忙的吗？"

"嗯，还有一件小事。"老太太看着明信片说，"帮我在下面再加一句：字迹潦草，敬请原谅。"

POST

故事微语

幽默地沟通之所以不同于一般沟通，很大程度上体现在语言的技巧性上。因为幽默来自于思维的奇巧，借助于特定的语汇、语气、表情甚至姿态。这不是容易修炼的，幽默的语言主要体现在两个方面：第一是出乎意料之外、在乎情理之中。也就是联想的跨度大，但又巧妙、合理；第二则是自然，浑然天成，不着斧痕，刻意营造的幽默很可能效果适得其反，让本来就冰冷的场子雪上加霜。

心灵箴言

幽默和风趣是智慧的闪现。

——[英] 莎士比亚

幽默的内在根源不是欢乐，而是悲哀；天堂里是没有幽默的。

——[美] 马克·吐温

幽默：可以说是能给人以微妙感的调剂生活的佐料。由于某种轻巧的幽默，就可以使当时的气氛为之改观，使陷于僵局的悬案豁然解决。

——[日] 大平正芳

气度和学识是幽默的必备条件

故事话题

中国民族声乐比赛初评在武汉举行，乔羽是评委之一。在有火炉之称的武汉一天三班的连续听录音，对 65 岁的乔羽可不轻松。为了解闷，乔羽不断地抽烟，一边抽还一边念念有词：“革命小烟天天抽。”也是评委的歌唱家邓玉华为乔羽补充了三句，成了一首打油诗：“革命小烟天天抽，遇到困难不犯愁。袅袅青烟佛祖嗅，体魄康健心长寿。”

乔羽听罢，微微一笑，他联想到邓玉华每餐节食的情景，也回敬了一首：“革命小姐天天愁，腹围过了三尺九。干脆天天吃肥肉，明天又到四尺九。”众人听后都捧腹大笑，连日来的劳累烟消云散。

其实乔羽不是美男子，由于头发稀少，不熟悉他的人，往往将 65 岁的乔羽判断为七八十的老人。但乔羽从未感到自己老了，他说：“我从 18 岁就开始脱发了，看来是不会再长了，索性毛全掉光，成了老猴子，倒用不着理发了。我心里从没有感到老。年龄是你的一种心理上的感受，你觉得自己老了，即使年轻也真的老了；你觉得自己还年轻，即使老了你也还年轻。”

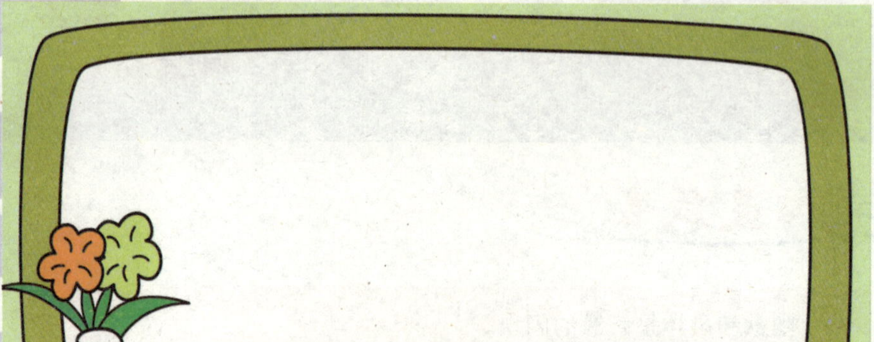

国民族声乐

故事解析

乔羽善于幽默，他用自嘲的手法跟自己开起了玩笑，不言头发而称“毛”，并自喻“老猴子”，让人闻之不禁莞尔，而“倒用不着理发了”一句则在幽默之中透露出了乔羽的豁达心境。乔羽用亲身体会告诉世人，幽默是一种积极对待人生的态度，也是一种娱乐和自娱的精神。

但幽默并不是凭空而来的，首先要有渊博丰富的知识，其次要敢于拿自己开玩笑，最后，要有很高的情商来把握玩笑的尺度。这三点也是能否欣赏幽默的条件。悲哀的是，在很多场合，有些人不但不幽默，他们还不懂欣赏幽默。

幽默是一种机智，是生活的调味品，是人际关系的润滑济和成熟的表现，它具有穿透力,幽默能给人们带来轻松的笑声和欢乐、消减矛盾和冲突，缩短人与人之间陌生的距离。幽默能改善人际关系或摆脱困境，更有利于个人的身心健康、社会的轻松和谐，它是一种高雅的生活情操。

善用幽默的人不仅受人喜爱，能获得别人更多的支持和帮助。幽默是一个敏锐的心灵在精神饱满、神气洋溢时的自然流露。对于每个人来说，幽默是一种精神食粮，它可以减少人们的压抑与忧虑，维护心理的平衡，给人一种轻松愉快的感觉。幽默甚至拥有一种赢得人心、解决问题的力量。正如谚语所说：“赢了他们的心，他们的钱袋就唾手可得了。”

对于男人而言，幽默是一种心灵上的尊重，因为如果不是学识相匹的话，很有可能听不懂对方的幽默；而对于女人而言，隐藏在幽默下的学识和气度往往会产生爱情。所以善用你的幽默吧，须知聪明的人不一定幽默，但幽默的人一定聪明。

故事穿越

启功先生是一代国学大师，他经过无数人生历练，不但在艺术上取得了非凡的成就，而且在心灵上步入了大彻大悟之境，身上充满着一种“身心无挂碍，随处任方圆”的大气和洒脱。

启功先生成名之后，便经常有人模仿他的笔墨在市面上出售。有一次他和几个朋友走在大街上，路过一个专营名人字画的铺子，有人对启功说：“不妨到里面看看有没有你的作品。”启功好奇，就随大家一起走进了铺子，果然发现好几幅“启功”的字，字模仿得也真够到家，连他的朋友都难以辨认，就问道：“启老，这是你写的吗？”

启功微微一笑赞道：“比我写得好，比我写得好！”众人一听，全都大笑起来。谁知说话之间，又有一人来铺里问：“我有启功的真迹，有要的吗？”启功说：“拿来我看看。”那人把字幅递给他。这时，随启功一起来的人问卖字幅的人：“你认识启功吗？”那人很自信地说：“认识，是我的老师。”

问者转问启功："启老，你有这个学生吗？"作伪者一听，知道撞到枪口上了，刹那间陷于尴尬、恐慌、无地自容之境，哀求道："实在是因为生活困难才出此下策，还望老先生高抬贵手。"启功宽厚地笑道："既然是为生计所害，仿就仿吧，可不能模仿我的笔迹写反动标语啊！"那人低着头说："不敢！不敢！"说罢，一溜烟地跑走了。

同来的人说："启老，你怎么让他走了？"启功幽默地说："不让他走，还准备送人家上公安局啊？人家用我的名字，是看得起我，再者，他一定是生活困难缺钱，他要是找我借，我不是也得借给他吗？当年的文征明、唐寅等人，听说有人仿造他们的书画，不但不加辩驳，甚至还在赝品上题字，使穷朋友多卖几个钱。人家古人都那么大度，我何必那么小家子气呢？"

启功的襟怀比之古人，可以说是有过之而无不及。

故事微语

幽默话语给我们的生活带来了快乐，甚至会让情感在幽默中得到升华。幽默不仅仅是讲笑话这么简单，那是一种优美的、健康的品质，在某种意义上，对于现代社会的每个人来说，幽默已经成为人们的一种精神食粮，这从网络上疯传的各种段子就可以看出来，人们需要幽默，因为幽默减少了人们的压抑与忧虑，维护了心理的平衡，给紧绷的生活带去一种轻松愉快的感觉。

心灵箴言

幽默来自智慧，恶语来自无能。

——松林

幽默是具有智慧、教育和道德上优越的表现。

——[德] 恩格斯

幽默是多么艳丽的服饰，又是何等忠诚的卫士！它永远胜过诗人和作家的智慧；它本身就是才华，它能杜绝愚昧。

——[英] 司各特

调侃是一门颇具魅力的艺术

故事话题

一个演员唱乐亭大鼓时，鼓板没打几下，那鼓砰然落地，观众一片哗然。主持人利用演员弯腰捡鼓的时机亲切地说："诸位，今儿个节目是临时加的，这位演员没来得及带自己的鼓，用的是别人的，看来这鼓有点儿认生。"

这句话缓解了紧张的气氛，观众们甚至不得不对这位主持人心生佩服。接下来，又一位杂技演员表演《踩蛋》时，不小心脚下的鸡蛋被踩坏了一个，观众全看在眼里，演员很不好意思地又换了一个鸡蛋。

主持人连忙打圆场："为了增加艺术效果，证实鸡蛋是真的，所以演员故意踩碎了一个给大家看。"

不巧的是，主持人话音刚落，观众还来不及钦佩主持人的急智时，演员脚下又一个鸡蛋被踩碎了。观众眼睛刷刷转向主持人，仿佛在说：这回看你怎么圆场？只见主持人无可奈何地叹了口气，说："唉，社会上的伪劣产品屡禁不绝，看来不抓不行了——连母鸡都生产劣质产品！"

故事解析

幽默的艺术，自古以来就是人们调侃生活，娱乐他人，丰富文化的一种方式，无论在哪个年代、哪个国家，幽默都有着不可替代的作用。因为幽默和调侃，人们单调的生活添加了数不清的笑料，工作造成的疲惫身心也得以舒展。此外，幽默对于文人创作优秀的作品也有着莫大的功劳。有了它的参与，文人的创作更加如鱼得水，读者也更易接受这类作品。例如在我国古典四大名著中的《西游记》里，悟空和八戒幽默的话语便构成了一道分外亮丽的风景线。

其实远在春秋时期，中国的幽默艺术已经滥觞。而到了唐宋时期，各种幽默艺术形式已基本完备，幽默技巧也日趋成熟，幽默艺术的水平已达到相当高的境界。在世界范围内，幽默的应用也是很早就有了，例如黑格尔曾经说过：“幽默是艺术家的人格在按照自己的特殊方面乃至深刻方面把自己表现出来，所以幽默涉及的是这种人格的精神价值。幽默是对人生与世界的本质的表现，应当根植于生活、根植于人生，对人的生存本质做深入的思考，对精神自由追求。”

在社会生活日益加快的今天，人们承受了越来越多的工作负荷和生活压力，而幽默艺术的存在对于缓解这一方面的压力发挥着极其重要的作用。

故事穿越

一位年近古稀的老人过生日，一家子都为老人家设家宴祝寿。全家人众星捧月般围坐在老人身旁，喜气洋洋，谈笑风生，一边敬酒吃菜。突然听到“叭”的一声巨响，原来是今年准备考上初中的孙子碰倒了热水瓶。孩子顿感手足无措，大家也有大煞风景的感觉。

爷爷一惊之后，哈哈一笑说：“这热水瓶早该碎了，孩子今年考上了中学，可不能停留在原来的‘水平’上。今天他在这喜庆的日子里，打破了旧水瓶，这不仅为我的生日‘放了鞭炮’，而且是他考重点高中的好兆头，你们说是不是啊？”

一席话说得一家老小哈哈大笑，生日喜庆的气氛更加热烈了，摆脱了窘境的孙子也不好意思地跟着大家笑了。

故事微语

前苏联作家普里什文曾经说过：“生活中没有哲学还可以应付过去，可要是没有幽默的话，只有愚蠢的人才能生存。”幽默是一个人的学识、才华、智慧、灵感在语言表达中的闪现，是一种能抓住可笑或诙谐想象的能力，它是对社会上的种种不和谐、不合理的荒谬现象、偏颇、弊端、矛盾实质的揭示和对某些反常规知识言行的描述。正因为如此，所以调侃的确会给人一些苦涩的滋味，但慢慢品读，却是苦中有甜，它使人哈哈一笑，可又仔细一想却又啼笑皆非，在苦乐过后，又回味到某种寓意，进而给人以无限的启发和思考。

心灵箴言

幽默是不肯正经其事的荒谬感。

——[加拿大] 厄谢尔

有许多真实的话都是在笑话中讲出来的。

——[英] 斯威夫特

幽默是一切智慧的光芒，照耀在古今哲人的灵性中间。凡有幽默的素养者，都是聪敏颖悟的。他们会用幽默手腕解决一切困难问题，而把每一种事态安排得从容不迫，恰到好处。

——钱仁康

开玩笑时要懂得点到为止

故事话题

后唐庄宗李存勖是战场上的巨人，却是政治上的侏儒。李存勖经过几十年奋斗打出一片天地来，自立为皇帝。然而当上皇帝之后，李存勖认为父仇已报，中原已定，不再进取，开始享乐。把全身心投入到个人爱好上。

李存勖一辈子没别的爱好，就爱看戏，他不仅喜欢看，而且还喜欢演，他当上皇帝之后，还常常面涂粉墨，穿上戏装，登台表演，不理朝政，并自取艺名为“李天下”，意思是这天下是我姓李的。

有一次上台演戏，李存勖来到后台，准备登台演戏，穿上戏装后，他感到非常气派，禁不住有些得意，清了清嗓子高喊两声：“李天下！李天下！”意思是天下是他家的天下。

没想到一个伶人听了，竟然走上前去扇了他一个耳光，周围人都吓得出了一身冷汗。李存勖问为什么打他，伶人却说：“李天下的只有皇帝一人，你叫了两声，还有一人是谁呢？”伶人这么一说，大家方才明白，原来这人玩的是幽默来着，可敢这么跟皇帝玩幽默，几个脑袋也不够砍的啊，侍卫们都看着李存勖，只等他一声令下，就要拉这伶人出去杀头。

李存勖也真古怪，他听了以后居然不仅没有责罚，反而予以赏赐。伶人受到皇帝宠幸，可以自由出入宫中和皇帝打打闹闹，侮辱戏弄朝臣，群臣敢怒而不敢言。有的朝官和藩镇为了求他们在皇帝面前美言几句，还争着送礼巴结。李存勖还用伶人做耳目，去刺探群臣的言行，置身经百战的将士于不顾，而去封身无寸功的伶人当刺史。此外，李存勖还下令召集在各地的原唐宫太监，把他们作为心腹，担任官中各执事和诸镇的监军。将领们受到宦官的监视、侮辱，读书人也断了进身之路。

伶人敢跟皇帝开这么大的玩笑却不问罪，可皇帝跟天下开了这么大的玩笑，天下可不能视若无睹了。由于李存勖整天混迹娱乐圈，跟伶人们一起胡闹，却把国家大事丢在一边，几年下来，麻烦越来越大。很快，朝廷发生内乱，李克用的养子自立为帝，李存勖本人开的玩笑，终于得到了最严厉的惩罚——人头落地！

故事解析

李存勖用生命告诉我们，玩笑不能乱开，在身负重大责任的时候，玩笑是开不得的，然而从古至今，人们常常分不清玩笑的尺度，不知道什么时候玩笑是开不得的，有些人学会幽默后却不善于使用，往往弄巧成拙，将玩笑开得太过分，伤害到了亲人和朋友的心。

开玩笑过分的确会伤害到别人，千万要掌握尺度，一些玩笑是开不得的。在开玩笑的时候一定要三思，一是不要把自己的快乐建筑在别人的痛苦上；二是不应嘲笑他人的生理缺陷，例如驼背、跛足、麻脸等等；三是不要嘲笑别人的人格。在有些场合下，比起用玩笑来调侃，仁厚和同情心带来的安慰和鼓励更加重要。其实无论是幽默还是调侃，最终的目的还是沟通，而沟通的最高境界，就是要让对方觉得你是个有情有义的人，他们也会由此对你产生信任及尊敬。

故事穿越

西周最后一个国王周幽王宠幸褒姒，过起了荒淫奢侈的生活。但还是有一点不美的地方——褒姒虽然艳如桃李，却冷若冰霜，自从进宫以来从来没有笑过一次。

周幽王为了博得美人一笑，不惜想尽一切办法，可是褒姒就是不笑。于是幽王悬赏求计，谁能引得褒姒一笑，赏金千两。这时有个佞臣叫虢石父的，替周幽王想了一个主意，提议用烽火台一试。

烽火本是古代敌寇侵犯时的紧急军事报警信号。西周为了防备犬戎的侵扰，在镐京附近的骊山一带修筑了二十多座烽火台，每隔几里地就是一座。一旦犬戎进袭，首先发现的哨兵立刻在台上点燃烽火，邻近烽火台也相继点火，向附近的诸侯报警。诸侯见了烽火，知道京城告急，天子有难，就会起兵勤王，赶来救驾。

虢石父献计令烽火台平白无故点起烽火，招引诸侯前来白跑一趟，以此逗引褒姒发笑。如此儿戏，昏庸的周幽王竟然采纳，他带着褒姒和虢石父一同登上了骊山烽火台，并命令守兵点燃烽火。

一时间，狼烟四起、烽火冲天。各地诸侯一见警报，真以为犬戎打过来了，果然带领本部兵马急速赶来救驾。可到了骊山脚下，连一个犬戎兵的影儿也没有，只听到山上一阵阵奏乐和唱歌的声音，一看是周幽王和褒姒高坐台上饮酒作乐。

周幽王派人告诉他们，辛苦了大家，这儿没什么事，不过是大王和王妃放烟火取乐，诸侯们始知被戏弄，怀怨而回。褒姒见千军万马召之即来，挥之即去，如同儿戏一般，觉得十分好玩，禁不住嫣然一笑。周幽王大喜，立刻赏虢石父千金。周幽王为此数次戏弄诸侯们，诸侯们发誓再也不来朝拜。

没几年，犬戎真的入侵，心急如焚的幽王再次点起烽火，可上过当的诸侯都作壁上观，一个也不来救，拥有近三百年历史的西周因此灭亡。

周

故事微语

李存勖身死，周幽王亡国，两人都跟天下苍生开了个巨大的玩笑，后果都惨不忍睹。可见幽默还是有高低之分的。高明的幽默不但令人发笑，笑完之后精神还会为只振奋，情操得到陶冶、感情得到满足，得到美的享受，也表明了幽默人的修养，但低级的幽默则足以体现幽默者本人气质的无聊与庸俗，这种人的结果必然会像周幽王那样众叛亲离。

还应值得注意的是，有时候调侃也要分对象，男女有别，当着陌生人的面，或在有女士的场所大谈特谈低级下流的玩笑，人们不仅不会觉得你幽默，反而会认为你低俗浅薄了。我们应该恰如其分地把我们的聪明机智运用到智慧的幽默中来，使别人和自己在享受快乐的同时获得智慧的启迪。在抖机灵的同时也要牢记：唯贤唯德，能服于人。

心灵箴言

幽默感就是分寸感。

——[美] 纪伯伦

人的才能不一样，有的人会幽默，有的人不会，不会幽默的人最好不必勉强。

——老舍

用玩笑来应付敌人，自然也是一种好战法，但触着之处，须是对手的致命伤，否则，玩笑终不过是一种单单的玩笑而已。

——鲁迅

幽默可以起到婉拒他人的作用

故事话题

鲁迅先生不仅是一个善于使用幽默讽刺人的大师，还是一个善于以幽默拒绝人的大师。

当年，广州的一些进步青年创办“南中国”文学社，希望鲁迅给他们的创刊号撰稿。鲁迅并不想写，于是就说：“文章还是你们自己先写好，我写的话，总有人说：鲁迅一来广州就找青年来为自己捧场了。”

青年们说：“我们都是穷学生，如果刊物第一期销路不好，就不一定有力量出第二期了。”

鲁迅风趣而又严肃地说：“要刊物销路好也很容易，你们可以写文章骂我，骂我的刊物也会销路好的。”

1934年,《人世间》杂志开辟了《作家访问记》专栏，并配合刊出接受采访的作家的肖像。该杂志的编辑写信给鲁迅，请求其应允前去采访，并以书房为背景拍一张照片，再拍一张鲁迅与许广平、周海婴的合照。

鲁迅写了一封十分幽默的信予以拒绝：“作家之名颇美，昔不自重，曾以为不妨滥竽其例。近来悄悄醒悟，已羞言之。头脑里并无思想，寓中亦无书斋，‘夫人及公子’更与文坛无涉，雅命三种，皆不敢承。倘先生他日另作‘伪作家小传’时，当罗列图书，摆起架子，扫地欢迎也。”

故事解析

拒绝，是一门学问和艺术，从一个人拒绝别人的方式，能够体现出这个人品德、性情和修养。一个懂得幽默地拒绝别人的人，能够使别人在自己的拒绝中感觉到你的善意、婉转和真诚，当然，也能愉快地感受到你的原则。

拒绝的话语一向不好说，说不好就很容易得罪人。因此，拒绝他人时，要讲究策略，最重要的一点就是含蓄、委婉。为什么不把话说得幽默些呢？幽默地拒绝正好能巧妙地体现委婉含蓄。用幽默的方式拒绝别人，可以在不经意间突然点破，让对方在毫无准备的大笑中失望，这样就不会显得突兀和强硬。

此外，还可以用假设的方法，虚拟出一个可能的结果，从而产生一个幽默的后果，而这个后果正好是你拒绝的理由。这样，不仅不会引起不快，反而可能给对方一定的启发。著名剧作家萧伯纳的辞爱方式，可以说是辞爱的经典。

故事穿越

有一日，萧伯纳收到著名舞蹈家邓肯的求爱信，她在情信中写道：“如果我们结合，有一个孩子，有着和你一样的脑袋，和我一样的身姿，那该多美妙啊！”

萧伯纳看了信后，很委婉而又很幽默地回了她一封信，他在回信中说：“依我看那个孩子的命运不一定会那么好，假如他有我这样的身体，你那样的脑袋岂不糟糕了吗？”

这位美女演员收到信以后，明白了萧伯纳的拒绝之意。她失望地离开了，但她一点也不恨萧伯纳，反而成了他最忠实的读者和好朋友。

故事微语

不管对于中国人还是外国人，拒绝别人的话总是不好说出口，但拒绝的话又经常不得不说出口。这时不妨用幽默的方式说出拒绝的话，这样可以抹去对方遭到拒绝时的不愉快感。

心灵箴言

一个真有幽默的人别有会心，欣然独笑，冷然微笑，替沉闷的人生透一口气。

——钱钟书

你不能老是板着面孔与人相处。幽默感是最重要的，它会使你的工作变得更为容易，同时也会给你的职工的生活带来深受欢迎的阳光。

——[英] 帕金森·鲁斯特莫吉

好的幽默并不只是让你笑，还让你哭呢！哭多了眼泪就会跌价，于是乎泪尽则喜，嬉笑之中仍然可以看到作者那庄严赤诚的灵魂。也许幽默的痛苦并不比痛苦的痛苦弱。

——王蒙

第三篇

慷慨赞美：你的示好可以拉近人心的距离

日常生活中，人们常常忽略、羞于甚至不屑于赞美别人。事实上每个人都有肯定和维持自己现有的思想和行为的倾向，来自别人的赞美可以强化我们对自己的思想和行为的信念，同样，你对于别人的赞美也会使对方感到舒畅和自我价值的实现，对方亦会对你报以感激或友善的回应。慷慨赞美可以拉近人心的距离，往往有助于良好人际关系的建立。

恰当地使用赞美的言辞

故事话题

一名邮递员在送信途中，不小心被一块石头绊倒了，他刚想抱怨，却低头发现这是一块形状奇异的石头。他想，若是用许多这样的石头建成城堡，该多好啊！邮递员好奇心顿生，便欣喜地将石头捡起来，装进邮包。

之后，每天送信，他总会捡一块奇异的石头。日复一日，他捡的石头堆满了家门。于是他白天送信，晚上堆砌城堡。渐渐地有路人欣赏、赞美他的努力成果，并给予鼓励。终于，他在山坡上建成了一座又一座的好看的小型城堡，有一天竟登上了报纸的头条，许多人慕名而来，其中包括当时著名的画家毕加索。他惊叹于青年人的技艺，大加赞赏，并投资将这里改造成著名旅游区。

Post

故事解析

这位邮递员获得成功的秘密就在于他受到了赏识与赞美，可见赏识与赞美是多么的重要。有人对赞美做过这样的评价：赞美就像是帆船迫切需要的风力；就像种子渴盼的雨露。是我们在成长过程中不可缺少的营养品。它是希望，是动力，是用自己的心灵之火去点燃别人的心灵之火。

赞美能够照亮别人的生活，也能温暖自己的心田，能够发扬被赞美者的美德和推动彼此的友谊，还可以消除人际间的龃龉和怨恨。赞美是一件好事，但绝不是一件易事。赞美也需要适当的言辞，如果不能审时度势，不掌握一定的赞美技巧，即使你是真诚的，也会变好事为坏事。所以，开口夸人前我们一定要掌握尺度。

人的素质有高低之分，年龄有长幼之别，夸奖对方要因人而异，突出对方的个性，有特点地赞美比一般化地赞美能取到更好的效果。例如赞美老年人的时候，可以从他们希望别人不忘自己“想当年”的雄风着手，在和老年人交谈时，可以多多称赞他引为自豪的过去；对于年轻人，则不妨语气稍为夸张地赞扬他的创造才能和开拓精神，并预祝他能够前程似锦；对于商人，可以称赞他头脑灵活，生财有道；对于有的干部，可赞他为国为民，廉洁清正；对于知识分子，可称赞他知识渊博、宁静淡泊……不管对方是什么样的人，都要依据事实，切不可显得浮夸。

故事穿越

狂风呼喊着、咆哮着，狞笑着奔袭过来，企图把大地上的一切都席卷而去。

一棵大树挺起胸膛，顽强地与狂风搏斗着。狂风暴虐地纠缠着它，想按下它高贵的头，压弯它不屈的腰。但是，它奋力抗争，不屈不挠。

大树下面有一片小草。狂风根本不把它们放在眼里，像擀面条一样把它们揉来揉去。几乎要把它们撕成碎片，辗成粉末。小草在狂风中抖动颤栗，屈腰伏身，把脸紧紧地贴在大地上。

狂风终于累了，走了。人们发现，大树折断了腰，小草却慢慢扬起了脸。

学生问苏格拉底："老师，你认为大树和小草谁值得赞美？"

苏格拉底说："我赞美大树，也赞美小草。"

故事微语

虽然人都喜欢听赞美的话，但并不是任何赞美的话都能让对方高兴。能引起对方好感的只能是那些基于事实、发自内心的赞美。如果无根无据、虚情假意地赞美别人，对方可以会感到莫名其妙，甚至觉得你油嘴滑舌、诡诈虚伪。打个比方，若见到一位其貌不扬的男士，却偏要对他说："你真是帅呆了。"对方立刻就会认定你是在讽刺他，说的全是虚伪之至的违心之言。但如果你着眼于他的服饰、谈吐、举止，发现他这些方面的出众之处并真诚地赞美，对方一定会高兴地接受。其实，真诚赞美不但会让被赞美者产生心理上的愉悦，还会使你经常发现别人的优点，从而使自己对人生持有乐观、欣赏的态度。

心灵箴言

赞美是美德的影子。

——[英] 塞缪尔·巴特勒

要改变人而不触犯或引起反感，那么，请称赞他们最微小的进步，并称赞每个进步。

——[美] 卡耐基

赞扬是一种精明、隐秘和巧妙的奉承，它从不同的方面满足给予赞扬和得到赞扬的人们。

——[法] 拉罗什夫科

赞美是最直观表达善意的方式

故事话题

1921 年，美国钢铁大王卡内基出资 100 万美元的超高年薪聘请一位执行长。在众多的应聘者中，有一个叫夏布的不起眼的年轻人最终被卡内基锁定。当消息流传开来后，许多人表示质疑：“为什么偏偏是他？”

卡内基说：“因为他最会赞美别人，这是他最值钱的本事，却是你们最缺乏的一种能力。”

后来，夏布成为卡内基最为得力的事业助手之一，得到公司上下一致的认同与尊重。

故事解析

美国著名企业家玛丽·凯·阿什说过一句名言：赞美是一种非常有效而且不可思议的推动力量。要成为一个优秀的管理人员，你必须了解赞美别人可以使自己收获成功。

因此，我们在与他人的交往中，应从具体的事件入手，善于发现对方哪怕是最微小的长处，并不失时机地予以赞美。因为赞美是表达善意的最直观方式，在赞美对方的时候注意细节，能够让对方感到你的真挚、亲切和可信，这样一来你们之间的人际距离就会越来越近。如果只是含糊其辞地赞美对方，说一些空泛飘浮的话语，既不能引起对方的好感，甚至还会产生不必要的误解和信任危机。

赞美的效果在于伺机行事、适可而止，要如“美酒饮到微醉后，好花看到半开时”。当别人正在计划做一件有意义的事时，赞美能激励他下定决心并坚持到底。俗话说：“患难见真情。”法国哲学家方丹也说过：“美无处不在，缺少的只是发现美的眼睛。”有时候最需要赞美的，不是那些早已功成名就的人，而是那些因被埋没而产生自卑感或身处逆境的人。他们平时很难听到一声赞美的话语，一旦被人当众真诚地赞美，便有可能振作精神，大展宏图。

正因如此，最有实效的赞美其实并不是“锦上添花”，而是“雪中送炭”。当一个很久没有听到赞扬之声的人拖着疲惫的身心在做一番无人叫好的事业时，你无法想象别人的肯定对他来说意义有多么重大。

故事穿越

北宋时期，大文学家苏轼与佛印禅师两人走得很近，经常会开一些玩笑，苏轼恃才放旷，总想在佛学上也压过对方，有一次苏轼对佛印开玩笑说："我在打坐时，用我的天眼看到大师是团牛粪。"

佛印听了没揍苏东坡，只是淡淡地说："我在打坐时用我的法眼看到你是如来本体。"

苏轼回家后得意扬扬地告诉妹妹自己又狠狠地羞辱了佛印禅师一番。没想到苏小妹却说："哥哥，你其实输惨了，你居然还得意啊。你难道不知道修行的一切外在事物都是内心的投射吗？你的内心是一团牛粪，所以看到别人也是一团牛粪；人家内心是如来，所以看到的你也是如来。"

故事微语

这个小故事其实也间接说明了赞扬的妙处，你夸奖别人，别人也就赞美你；你欣赏别人，别人也就欣赏你；你帮助别人，也就是帮助自己。与人方便其实就是给自己方便，若是想给人难堪，到头来难堪的还是自己，古语云“欲将取之，必先予之”，“汝爱人，人恒爱之”，就是这个道理。

人们总是喜欢听好听的话，这是天性使然，即使有的时候明白对方是在奉承，但只要不太明显太过分，心里还是免不了会沾沾自喜，这是人性的弱点。换句话说，一个人受到别人的赞美，绝不会觉得厌恶，除非对方说得太离谱了。这是因为爱美之心人皆有之，人性向善，虽然每个人都具有不同的个性，也都具有不同的优缺点，但每个人都在乎外界对自己的肯定和赞扬。抓住每个人的个性，赞美他们的优点，是协调人际关系的有效手段之一。真诚地赞美，会使你获得良好的人际关系，也会让你事半功倍。

心灵箴言

美无处不在，缺的是发现美的眼睛。

——[法] 罗丹

赞扬，像黄金钻石，只因稀少而有价值。

——[英] 塞缪尔·约翰逊

称赞不但对人的感情，而且对人的理智也起着很大的作用。

——[俄] 列夫·托尔斯泰

甘心当绿叶来映衬“红花”

故事话题

春秋时期，齐国有一位奇才名叫管仲，他在二十来岁的时候就结识了鲍叔牙，一开始二人合伙做点买卖，因为管仲家境贫寒就出资少些，鲍叔牙出资多些。生意做的还不错，可是有人发现管仲竟然用挣的钱先还了自己欠的一些债，这些人便开始为鲍叔牙打抱不平，更可气的是，到了年底分红的时后，鲍叔牙分给管仲一半的红利，没有计较管仲偷偷还债的事。

鲍叔牙手下的人都非常气愤，有人对鲍叔牙说：“管仲出资少，平时他开销又大，年底还照样和您平分效益，他这么贪财，还厚着脸皮，咱们不要再跟他合伙干了！”

鲍叔牙斥责手下说：“你们光想着钱的事，难道就没发现管仲的家里十分困难吗？他比我更需要钱，我和他合伙做生意就是想要帮帮他，我心甘情愿这样做，你们以后不要再提这件事了。”

后来这哥俩又一起充了军，二人有了同袍之谊，更加相依为命了。但渐渐地有人又发现，打仗冲锋的时侯管仲总是躲在最后，跑得很慢，而退

兵的时候，管仲却跟飞一样的奔跑。当兵的都耻笑他，说他贪生怕死，于是头领想要杀管仲来竖立典型。

关键时刻鲍叔牙站了出来，他替管仲辩护说："管仲的为人我是最了解不过了，他家有80多岁的老母亲无人照顾，他不能不忍辱含羞地活着以尽孝道。"管仲听了鲍叔牙的这番话，感动得流下了热泪，他说："生我者父母，知我者，鲍叔牙也！"

两年后，管仲的老母病逝，他心中没了牵挂，这才放下心来为齐国效命，他作战英勇，很快就得到了提拔重用。这时候齐国已经分成了两个阵营，鲍叔牙辅佐的公子小白，和管仲辅佐的公子纠。

管仲三番五次要杀掉小白，但都被鲍叔牙阻止了，后来小白当上了齐国国君，也就是后来的春秋首霸齐桓公，想任命鲍叔牙为相国，但鲍叔牙说什么也不肯，他推荐已经是小白阶下之囚的管仲。鲍叔牙说："以前我帮君王做了些事情，那全是凭我对您的忠心而竭尽全力的，现在您要把国相这么重要的职务交给我，这决不仅仅是凭我的忠心就可以做好的，您该找个比我更有才能的人才行啊！管仲比我高明百倍，国君若肯用管仲为相，齐国一定能够腾飞！"

齐桓公一听就火了，他拍案而起说："这小子以前一直想杀我，曾经还拿箭射过我，这一箭之仇我还没报呢，你反而让我来重用他？我不把他杀了就不错了！"

鲍叔牙恳切地说："当时管仲不顾一切地为公子纠卖命，用箭来射杀您，这不正好说明他对主公忠心耿耿吗？各为其主是起码的做人准则，他当时那样做没什么不对的，现在要治国了，若论才华，他远远超过我鲍叔牙啊！您要成就霸业，非得到管仲的辅佐不成。"

齐桓公是个很有肚量的人，为了齐国的利益，他还是听了鲍叔牙的劝说，断然弃忘前嫌，拜了管仲为国相。齐国果然在管仲的治理下日渐强大，齐桓公也成为一代霸主。

故事解析

鲍叔牙算是我国有史记载的第一片“绿叶”了，他对管仲的知遇成就了齐国的霸业、成就了管仲的名声，也成就了自己的美德。这就好比鲜花需要绿叶的衬托一样，大多数人关注的总是鲜花，人们往往忽略了绿叶。但如果没有了绿叶，无论多么绚丽的花朵也会显得单调。而在人们对花朵的美丽赞叹不已的时候，绿叶却从来不争功劳，只在背后默默地为花朵的美丽付出一切。

这种默默奉献的精神值得所有人学习。或许与鲜花相比，绿叶没有漂亮的外表，没有迷人的芳香。但绿叶却拥有一颗不慕荣利，真诚为花朵服务的心。没有绿叶也就没有鲜花，没有鲍叔牙的知遇之恩，管仲早就死了千百回了。这就好比没有农民，哪来的温足饭饱？没有工人，哪来万丈高楼平地起？没有跑龙套的，哪来的电影明星？

生活中类似于这样的“绿叶”例子还有很多很多。这些人们为保障我们的正常生活而默默奉献着，当你和你的家人坐在一起吃晚饭看电视的时候，他们也许还饿着肚子努力地工作着；当你在深夜躺在床上进入梦乡的时候，他们也许还在打起精神忙碌着；当隆冬时节，你躲在温暖的屋子里的时候，他们在外顶着寒风劳动；当烈日炎炎的夏日，你在家里吹着空调吃雪糕的时候，他们在烈日下流汗留血。

这些人虽然平凡，但他们的行为高尚而伟大，他们的生活快乐而充实；他们默默奉献不求荣华。他们并不求每个人要记得他们所做的；不求成为聚光灯下万众瞩目的焦点，只求自己的付出能为别人带去欢乐，带去幸福。

我们太应当学习这种绿叶精神，为他人，为社会默默地做自己力所能及的奉献。

故事穿越

有一位青年人，看到老年人时总是一副厌恶的表情。他讨厌老年人的苍老、迟钝和丑陋。

一天，青年人抱着一盆鲜艳的菊花走进家门，放在阳台上。然后对正在看书的父亲说："爸爸，我们青年人就像这怒放的鲜花一样，洋溢着生命的活力。而你们老年人就如同秋天的树叶，渐渐枯萎，随风凋落。"

父亲拿起茶几上的一枚核桃托在掌心，对儿子说道："你说的不错。但我认为老年人更像我手中干皱的果实。如果年轻人像鲜花的话，鲜花把生命绽放在美丽的花瓣上；而果实，却把生命凝聚在坚实的躯体之内。"

儿子仍不服气："如果没有鲜花，哪里来的果实？"

"是啊，所有的果实都曾经是鲜花，然而，并不是所有的鲜花都能够成为果实！"

故事微语

生老病死是每一个人都无法逃避的自然过程。生命从始到终都是精彩的，老人就好比西天的落日映染出绚美的彩霞。没有落日，何来朝阳？不可对老年人失去敬意，因为那是每个人必经的阶段，这就好比一个团队，总会有明星团员和普通团员。对于团队中那些不太引人瞩目的团员，不要轻视于他，因为革命有分工，每个人的角色和职责都不一样，切勿有高低之分。

心灵箴言

牡丹花儿虽好，还要绿叶扶持。

——《金瓶梅》

绿叶丝毫不嫉妒花朵，而且为花朵的美丽勤垦地工作着。

——俗语

人是要有帮助的。荷花虽好，也要绿叶扶持。一个篱笆打三个桩，一个好汉要有三个帮。

—— 毛泽东

赞美，不是一味地溜须拍马

故事话题

20 世纪 30 年代，美国费城电气公司的比博到某州的乡村去推销用电。到了一户富有的农家面前，他叫开了门。开门的是个老太太，她一见比博是来推销电的，“砰”的一声就把门关上了。

比博没有泄气，他再次叫开了门。透过门缝，比博真诚地说：“很抱歉打扰了您，我知道您对用电不感兴趣，所以我并不是来推销电的，我是想来买几个鸡蛋的。”老太太听后，把门开大了一点，探出头怀疑地望着比博。

比博继续说：“我看见您喂的道明尼克鸡种很漂亮，所以我想买一打新鲜的鸡蛋回城。”

老太太问道：“你们城里没有鸡蛋吗?”

“城里的鸡蛋都是白色的，做成蛋糕不好看，而您的鸡产的棕色的蛋就要好得多了。”

比博的话赢得了老妇人的好感，她打开了门，态度温和了许多，并和比博聊起鸡蛋的事情。比博指着院里的牛棚说：“夫人，我敢打赌，您丈夫养牛赶不上您养鸡赚钱多。”老太太听了这句话后，心花怒放。长期以来，她丈夫总不承认这个事实。于是，她把比博视为知己，带他去鸡舍参观。比博边参观边赞扬老太太养鸡养得好，并顺便说，如果能用电灯照射，鸡产蛋会更多。老太太此时已经完全打消了对比博的反感，对用电也产生了兴趣，比博也给她做了详细周到的介绍。

两个星期后，比博收到了老太太寄来的用电申请。

比博通过对比性赞美，让老太太心情愉悦，取消了对自己的戒备，实现了推销目的。由此可见，对比性赞美比一般性赞美更让人感觉真诚，更容易打动别人，因此，收到的效果也是格外神奇的！

故事解析

俗话说：“千穿万穿，马屁不穿。”究竟怎样算是赞美，怎样又是马屁，实在是不好界定。其实两者的本质差别就是“真心”二字。如果赞美是真心诚意的，那就是赞美，如果是为了达到某种目的而刻意营造出来的，那便是拍马屁。

实际上拍马屁这个词，基本上就是专门用以指代贬义性的“赞美”行为，而不是持肯定态度的褒扬立场。在中国社会，人们在赞美对方的时候经常过分，而形成了拍马屁。我们一定要明确一个原则性的概念，那便是赞美必须要发自肺腑的，不要强心所难，更不要刻意为之，如果你在对方身上看到了一些值得赞美的优点，发现了值得赞美的地方，那就应该“大声告诉对方”；如果你没有发现，没感觉，那就最好不要去赞美，因为你的赞美看上去是那样的牵强。

故事穿越

《汉书》中的《佞幸传》记载了一个溜须拍马的故事。

上大夫邓通，原本是一个划船的“黄头郎”，因为汉文帝曾经做个一个梦，梦见要想上天，却无论怎样都登不上去，这时有一个黄头郎从后面把他推了上去，他回头看到黄头郎穿了一件横腰的单短衫，衣带系结在背后。梦醒后文帝前往未央宫西边苍池中的渐台，恰好看到邓通衣带从后面穿结，正如梦中所见。

于是邓通一夜之间平步青云当了上大夫，和文帝游乐无间，文帝还赏赐给他一座铜山，让他私筑钱币，于是他成了全国的首富——“邓氏钱布天下”。后来文帝身上长了痈疮，还流脓。邓通就经常用嘴给他吮吸脓水。文帝因此感到了一丝悲凉，问邓通说：天下谁最爱我呢？

邓通抹了抹满嘴的脓水说：“应该是没有人能超过太子的了。”恰恰此时太子来看望父亲，文帝就叫太子给自己吮吸脓水。太子没办法，只好硬着头皮闭着眼睛皱着眉头去吸——老大的不愿意呢！这些，文帝都看在了眼里，对太子很是不满。

后来，太子知道原来这里头还有邓通的缘故，就对邓通恨之入骨。再后来，太子继位当了皇帝，也就是汉景帝，汉景帝继位后邓通可就倒了大霉了——“徼外铸钱”被告发，罪名成立，万贯家财一朝尽没，最后饿死了。

故事微语

学会赞美，是人生之快乐的源泉，而学会拍马屁的人，则在不断积累自己内心冲突的根源：他们已经抛去了真诚的人格，沦为权力的奴才，就像邓通那样，用嘴去吸脓是儿子都不情愿干的事，但邓通却眉头都不皱一下。这就不是一种诚实的态度，因为用心去赞美别人的人，一般不为求取对方的回报，更不会对对方打什么歪门邪道的主意；而喜欢去给别人拍马屁的人，他们都抱有某种不可告人的目的，为了用马屁把对方拍得心花怒放，而不惜自轻自贱，甚至自己污辱自己，显露出无比下贱的丑态。

心灵箴言

拍马屁跟恋爱一样，不容许有第三者冷眼旁观。

——钱钟书

欣赏别人，更是一种气度，一种发现，一种理解，一种智慧，一种境界。

——俗语

关于阿谀拍马的卑鄙和恶劣，不知告诫过多少遍了，然而总是没有用处。拍马屁的人总会在我们的心里找到空子。

——[俄] 克雷洛夫

有时候，间接赞美也很重要

故事话题

有一位男青年爱慕一位姑娘很久了，这天，他终于鼓起勇气来追求她。

这天，姑娘和青年坐在花园里，姑娘问青年：“你找我有什么事情吗？”

青年反问道：“你知道安娜小姐吗？”

“安娜小姐，是不是最近很出名的、登上报纸头条的那个伦敦姑娘呢？”

“对，就是她！”青年开始兴高采烈起来，“我有几个朋友见过她，把她夸奖得近乎完美。我本来不信，但是前几天我有幸跟她做了一次交流，结果你猜怎样？”男青年压低了声音，故作神秘地问道。

“嗯，我猜她一定没有辜负你朋友的叙述吧！”姑娘淡淡地说。

“没错，就是这样！”青年一拍大腿，兴奋地说：“她真是我见过的最完美的姑娘了！她长着一双大大的眼睛，既有神采，又有智慧。她的睫毛又长又美丽，鼻子和嘴巴小巧玲珑，整个脸庞都洋溢着美妙的气息。她身材高挑，举止大方，彬彬有礼。她一张嘴，你猜怎么着，字字珠玑。跟她交谈，简直就是一种享受……”

青年兴高采烈地叙述着，看起来神采飞扬。姑娘看着他，竟然被他吸引住了。“没错，自己对他有好感，可是，他这样兴奋却是为了别的女人。”姑娘心里突然有些伤感。

青年说完了，姑娘有点生气地说：“既然她这么完美，你不去追她，到我这儿来干什么呢？”

“但是，”青年吸了一口气，深情地望着姑娘，“在我心中，你比她更完美！”姑娘在惊讶之余心里充满了甜蜜。

故事解析

这个青年真是情场大拿，他先找出一个对象，然后极力地赞美，最后用对比来突出心上人更加完美。他营造出一种“巅峰”的效果，让姑娘感动不已，最后终于成功牵起了佳人的手。

间接赞美对方，有时候效果会比正面夸奖更好，当我们真诚坦白地直接赞美别人时，固然能取得效果，但如果尺度把握不好，用词不当，就很有可能使赞美之词沦为阿谀奉承，给对方留下不好的印象，让人觉得你的赞美之词太露骨、太肉麻。

但间接赞美的方式则完全没有这个缺点，就像故事中的青年那样，尽管把露骨、肉麻的词汇宣泄到一个假定的理想的对象身上去吧，最后来一句：他不如你，这样一来，对方不但完全不觉得你的赞美过分，反而会感到你的真诚。

要做到从容自如、得心应手地通过间接的方法赞美别人，还是要讲究一些技巧的。赞美是一门艺术，有着很强的技巧性。就像画画一样，虽然是个人都会胡乱涂上几笔，但是否拿得出手，就要看你有几分功底了。

人性的弱点决定了一个人在听到别人对自己的赞美后，第一反应绝对不会是反感，除非夸奖你的人让你讨厌。或者对方说得太离谱了。因为赞美的魅力是无穷的，但是不管怎样，间接赞美还是最有效的。

在《红楼梦》中有这样一段描写：史湘云、薛宝钗一起劝宝玉好好学习，以后做官，宝玉对此大为反感，对着史湘云和袭人赞美黛玉："林姑娘从来就没有说过这样的混账话。要是她也说这些混账话，我早就和她生分了。"

恰巧黛玉此时走到窗下，听到了宝玉对自己的赞美，"不觉又惊又喜，又悲又叹"。之后宝玉和黛玉二人互诉衷肠，感情倍增。在黛玉看来，宝玉是在背后赞美自己的，而且不知道自己会听到，这种赞美就不是刻意的。如果宝玉当着黛玉的面说这样的好话，生性多疑的黛玉可能会认为宝玉是在讨好她或打趣她。

从这里也可以看出，在背后说别人好话要比当面恭维别人效果明显好得多。你完全不用担心你所赞美的人会听不到你的赞美，相反，你在背地里的赞美，也很容易就会传到对方的耳朵里，对方也会因此对你另眼相待。

故事穿越

1997 年，金庸与日本文化名人池田大作展开了一次会谈，会谈的内容后来辑录成书出版。

在会谈刚开始时，金庸表示了谦虚的态度，说：“我虽然过去与会长（指池田）谈过，虽然我和他同是知名人士，我远不如他，完全不是同一个水平，但我很高兴尽我所能与会长对话。”

池田大作听罢赶紧说：“您太谦虚了，您的谦虚让我深感先生的‘大人之风’。在您 72 年的人生中，这种‘大人之风’是一以贯之的，您的每一个脚印都值得我们铭记和追念。”

池田说着，请金庸用茶，然后又接着说：“正如大家所说，‘有中国人之处，必有金庸之作’，先生享有如此盛名，足见您当之无愧是中国文学的巨匠，是处于亚洲巅峰的文豪，而且您又是世界‘繁荣与和平’的香港舆论界的旗手，正是名副其实的‘笔的战士’。《左传》有云：‘太上有立德，其次有立功，其次有立言，是之谓三不朽。’在我看来，只有先生您所构建过的众多精神之价值才是真正属于‘不朽’的。”

在这里，池田大作主要采用了“借用他人之口予以评价”的赞美方式，无论是“有中国人之处，必有金庸之作”，还是“笔的战士”、“太上……三不朽”等，都是舆论界或经典著作中的言论。借助这些言论来赞美金庸，显然既不失公允，又能恰到好处地给对方以满足。

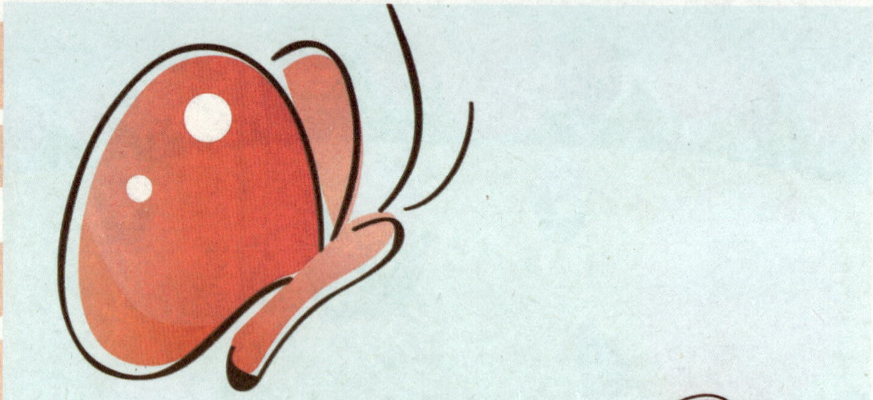

故事微语

可以把赞美的话语比喻成糖，有时候我们吃多了口味相同的糖，会觉得腻了，味觉麻木了，这就好比总是当面赞美，难免让人听腻了听烦了一样，而间接表达赞美之情或者通过他人之口去表达，就像给对方一种其他口味的糖，不但更好吃，而且还新鲜。这样别人也会从你的赞美方式上感受到你的诚意。

多多在第三者面前赞美你想赞美的人，这是你与那个人融洽关系、增进交往的最有效的方法。如果有位陌生的人对你讲："某某经常与我谈起你，说你是位了不起的人。"相信此时你的心情一定会大好。因为这就相当于获得了一种知名度，就好像一个人站在你的面前说"非常荣幸，我是您忠实的崇拜者"一样更让人舒坦。

心灵箴言

赞扬，像黄金钻石，只因稀少而有价值。

——[英] 塞缪尔·约翰逊

你要欣赏自己的价值，就得给世界增添价值。

——[德] 歌德

称赞不但对人的感情，而且对人的理智也起着很大的作用。

——[俄] 列夫·托尔斯泰

第四篇

掌握技巧：多花心思，进行有效沟通

沟通的目的是让对方达成行动或理解你所传达的信息和情感，即沟通的品质取决于对方的回应。良好的沟通是要说对方想听的，听对方想说的。要想达到这个目的，你就需要用到一些技巧，沟通的技巧并非让你去学一些欺骗隐瞒，而是让你通过一种行之有效的方法来达到沟通的目的，因为真正意义上的沟通承担着责任，一个巴掌往往拍不响，当对方完全不懂沟通或者背离沟通本质的时候，沟通上的一些技巧性就显得尤为重要。

话不在多，贵在“点睛”之言

故事话题

在林肯当总统前，有人问他有多少财产。当时在场的人期待的答案是多少美金、多少亩田地。但林肯却掰着手指说道：“我有一位妻子、一个儿子，都是无价之宝。此外，也租了一个办公室，室内有一张桌子、三把椅子，墙角还有一个大书架，架上的书值得每人一读。我本人又高又瘦，脸蛋很长，不会发福。我实在没有什么可依靠的，唯一可靠的财产就是你们！”

林肯当律师的时候，一次他作为被告的辩护律师出庭。原告的律师把一个简单的论据翻来覆去地讲了两个多小时，好容易才轮到林肯上台做辩护。林肯走上讲台，却一言不发。他先把外衣脱下放在桌上，然后拿起水杯喝了口水，接着又重新穿上外衣，然后又喝水。如此动作一连重复了五六次，法庭上的人当时会心地笑开了，笑得前仰后合。

南北战争爆发时，各报向林肯提出了各种各样莫名其妙的建议。林肯耐着性子听完了一位纽约来的将军提出的冗长作战方案之后，说：“听了你的建议，我不禁想起了一个小故事。几年前，有个人在堪萨斯骑马旅行，因为人烟稀少，无路可行，他迷失了方向，更糟糕的是随着夜幕降临，下起了可怕的暴雨。隆隆雷声，震撼大地；道道闪电，瞬息之间照亮地面。这个失魂落魄的人，最后下了马，借着时有时无的闪电亮光，开始步履维艰地牵马行走。突然，一声惊人的霹雳骇得他双膝跪地，他呼喊道：‘上帝，既然你什么都能做到，就多赐给我一点亮光，少来点刺耳的声音吧！’”

故事解析

林肯的故事告诉我们，用最少的字句去讲尽量多的内容，是讲话最基本的要求。通过这几个小故事我们也可以看出，讲话还是短一点、实在一点的好，长篇大论、泛泛而谈容易引起听众的反感，效果反而不好。

有句俗语说得好，“蛤蟆从晚叫到天亮，不会引人注意；公鸡只啼一声，人们就马上起身干活。”诚然，会说话的人，不一定是说话最多的人，语言贵在精，多说无益。而现实中，说话啰唆的人往往觉得自己所说的含义丰富，他们认识不到自己的弱点。

例如有两个多年未见面的老朋友相聚，他们彼此都对此盼望了很久。结果其中一个带了他热情开朗的新婚妻子一起来。他妻子从一开始就独占了整个谈话，滔滔不绝，一个接一个地说着一些自己觉得很好笑、很有趣味的事情。出于礼貌，两个男人沉默地听着，偶尔尴尬地彼此对看一眼：当他们分手的时候，他妻子站在门口的台阶上挥舞着手套，兴高采烈地说：“再见！”她觉得度过了一个很有意义的夜晚，认识了丈夫的朋友，还进行了一次快乐的谈话。两个男人却对老朋友分别多年后的情况仍旧一无所知，心里诅咒着这个开朗得过分的女人，即使她的丈夫也是如此。

滔滔不绝，出口成章，是一种“水平”，而善于概括，辞约旨丰，一语中的，同样是一种“水平”，而且更为难得。“是非只为多开口”，话说得多，出毛病的机会也就多。大智若愚，聪明的人大都不随便说话，唯有胸无点墨的人才喜欢大吹大擂。“宁可把嘴闭起来使人怀疑你浅薄，也胜于一开口就使人证实你的浅薄。”这是一句值得每个人牢记的名言。

故事穿越

马克·吐温讲过这样一个故事：

有个礼拜天，他到礼拜堂去，适逢一位传教士在那里用令人哀怜的语言讲述非洲传教士苦难的生活。当他说了 5 分钟后，马克·吐温马上决定对这件有意义的事情捐助 50 元；当他接着讲了 10 分钟后，马克·吐温就决定把捐助的数目减至 25 元；当他继续滔滔不绝地讲了半小时后，马克·吐温又决定减到 5 元；最后，当他讲了 1 个小时，拿起钵子向听众请求捐助并从马克·吐温面前走过的时候，马克·吐温却反而从钵子里偷走了 2 元钱。

故事微语

谈话是否受人欢迎，在于是否抓住关键，是否说到点子上，是否能打动听众。对于那些空话套话，人们很反感，甚至觉得听这种谈话是在浪费生命。

在初次交往中，如果一味地啰唆，就会使人反感，这样就削弱了你在他人心目中的地位。英国人波普说："话犹如树叶，在树叶太茂盛的地方，很难见到智慧的果实。"

言不在多，达意则灵。讲话简练有力，能使人兴味不减；冗词赘语，唠叨啰唆不得要领，必令人生厌。

心灵箴言

举网以纲，千目皆张。

——桓谭

主大计者，必执简以御繁。

——苏辙

与其花许多时间和精力去凿许多浅井，不如花同样的时间和精力去凿一口深井。

——[法] 罗曼·罗兰

不同的场合要说不同的话

故事话题

1926 年，在新月派诗人徐志摩跟他苦苦相恋三年之久的情人陆小曼结婚时，梁启超为证婚人。因徐志摩和陆小曼的结合是婚外恋的结果，所以梁启超很有看法。于是，在婚礼祝辞时，就对他们说了这样一番话。

他在致辞中说："徐志摩，你这个人性情浮躁，所以学问上难有成就。其次，用情不专，以致离婚再娶……从今以后，要痛改前非，重新做人！你们俩都是离婚而又再婚的人，要痛自悔悟！祝你们今天是最后一次结婚！"

听了这段致词，徐志摩和陆小曼脸上红一阵白一阵，宾客们也面面相觑，议论纷纷，有些不明真相的群众不明白这梁公怎么在人家的婚礼上说出这么一段话来。

为什么梁启超的婚礼致辞会带来这种结果呢？其中有着一段隐情，当时徐志摩和陆小曼的结合，双方的家长都不同意，一则使君有妻，二来罗敷有夫。徐志摩是抛弃了发妻狂追陆小曼，而陆小曼也是因为徐志摩才和丈夫离的婚。正因为是这样，双方的父母都不同意两人的结合，后来在胡适的劝说下才勉强答应，但一定要请徐志摩的老师梁启超来主持婚礼，于是就闹成了这样一出。

但不管怎么说，梁启超在主婚时没有祝福徐志摩和陆小曼，导致这对鸳鸯在大喜之日被当头棒喝，当着那么多人的面下不了台来，也因此埋下了婚姻不幸的阴影，后来徐志摩陆小曼的婚姻也并不完美，恐怕与这段像是诅咒一般的致辞有关。

故事解析

我们在与人沟通之时，一定要注意具体的场合、不同的对象和特定的气氛，不能无所顾忌。如果不假思索，信口开河，就有可能中伤他人，引起不必要的误解。不看场合随心所欲地信口开河，想到什么说什么，这是不会做人的一种拙劣表现。会说话的人，应该在不同的场合，说不同的话，用不同的方式说话，这样才能收到理想的言谈效果。

说话要讲究一定的艺术，除了要看对象、因人而异之外，还要注意场合，在不同的场合，说不同的话。要知道，这个场合能说的话在另一个场合就不一定可以说，昨天能说的话今天就不一定能说，对年轻同志说的话对老同志就不一定能说，对男同志说的话对女同志就不一定能说，对领导说的话对一般同志就不一定能说等等。在人际交往中，说什么，怎么说，一定要顾及场合、环境，才有利于沟通。

故事穿越

有个人请客，看看时间过了，还有一大半的客人没来。主人心里很焦急，便说："怎么搞的，该来的客人还不来？"

一些敏感的客人听到了，心想："该来的没来，那我们是不该来的喽？"于是悄悄地走了。

主人一看又走掉好几位客人，越发着急了，便说："怎么这些不该走的客人，反倒走了呢？"

剩下的客人一听，又想："走了的是不该走的，那我们这些没走的倒是该走的了？"

于是又都走了。最后只剩下一个跟主人较接近的朋友，看了这种尴尬的场面，就劝他说："你说话前应该先考虑一下，否则说错了，就不容易收回来了。"

主人大叫冤枉，急忙解释："我并不是叫他们走哇！"朋友听了大为光火，说："不是叫他们走，那就是叫我走了。"说完，头也不回地离开了。

故事微语

毫无疑问，说话有着一定的技巧性，如果你发言不够谨慎，不考虑场合，不顾虑到听者的接受心理，就很容易产生误会，所谓“言者无心，听者有意”就是这个道理。遇到这样的情况，最好就是不要再说话，话说多了不仅没有好处，甚至还有许多坏处。古人云：“清者自清，浊者自浊。”时间是化解误会的灵丹妙药。

心灵箴言

见人说人话，见鬼说鬼话，见了官场说官场上的话，见了生意人说生意场中的话。

——《官场现形记》

为一件过失辩解，往往使这过失显得格外重大，正像用布块缝补一个小小的窟窿眼儿，反而欲盖弥彰一样。

——[英] 莎士比亚

与智者言，依于博；与博者言，依于辨；与辨者言，依于要；与贵者言，依于势；与富者言，依于高；与贫者言，依于利；与贱者言，依于谦；与勇者言，依于敢；与愚者言，依于锐。

——鬼谷子

找寻对方的兴趣点进行交流

故事话题

美国女记者芭芭拉•华特初遇美国航空业界巨头亚里士多德•欧纳西斯时，见他正与同行们热烈讨论着货运价格、航线、新的空运构想等问题，芭芭拉没法插上一句话。在共进午餐时，芭芭拉灵机一动，趁大家谈论业务中的短暂间隙，赶紧提问："欧纳西斯先生，您在海运和空运方面都取得了伟大的成就，这是令人震惊的。您是怎样开始的？当初您的职业是什么？"这个话题一下叩动了欧纳西斯的心弦，他立即同芭芭拉侃侃而谈起来，动情地回顾了自己的奋斗史。

某文艺编辑曾讲过一段故事。他邀一位名作家写稿，该作家非常难合作，各报社的编辑都对他大伤脑筋。因此，这个编辑在见面前也相当紧张。一开始果然不出所料，各说各的，怎样都谈不拢，闹得编辑很是头痛，只好打定主意，改天再来。

这一次，编辑把几天前在一本杂志上看到的有关作家近况的报道搬出来，并说："您的大作最近要翻译成英文，在美国出版了。"作家见对方如此关心自己，就很感兴趣地听下去。编辑又说："您的风格能否用英文表现出来？"作家说："就是这点令我担心……"他们就在这种融洽气氛中继续谈下去。

本来已不抱希望的编辑，此时又恢复了自信，获得了作家答应写稿的允诺。

故事解析

在人际交往中，我们常常会碰到不大爱说话的人。他们习惯于沉默不语，和他们搭上话实在有些困难。如果两个同样不爱说话的人碰到一起，那情形真叫尴尬，现场可以用“鸦雀无声”来形容，这种情况有很多人都深有体会。实际上要寻找话题并不是一件很困难的事。因为在你的生活环境中，只要能看得到的东西，都可拿来当做话题，例如，报纸、网络、电视，等等。

当我们在和朋友家人一起聊天的时候，话题总是源源不绝。但是，为什么一遇到陌生人，就变得头脑空白，说不出话来呢？这是因为与熟人交谈，我们很清楚的知道对方的兴趣和习惯，我们可以根据对方的兴趣习惯着手交谈，而在面对陌生人的时候，我们对对方一无所知。

其实这没有什么可怕的。俗话说得好：“一回生，二回熟。”与陌生人交谈的成败在于交谈的话题，因为话题的好坏，直接影响交谈的结果，这是交谈的第一要素，不容轻视，更不能忽视。当我们选择了一些容易引起对方兴趣的话题时，就很容易创造出一个轻松活跃的谈话氛围，随着交谈的深入，双方的友谊也得以发展。

在具体选择这些话题时，还要注意顾及谈话对象。只有让对方保持兴趣，谈话才有维持和继续的可能。

故事穿越

小张是一个性格内向，老实又木讷的人，平常在公司里踏踏实实干活，很少说话，从不引人注意。有一次公司派小李和小张一起出差办事。在火车上，小李和小张的铺位刚好是并排。两人简单地寒暄了几句之后，双方就开始“大眼瞪小眼”。小李觉得这种尴尬的气氛让人窒息，他实在受不了，于是想找点话题。

突然，他瞥见小张的手机屏幕是约翰尼·德普，于是借机说：“小张！你喜欢看《加勒比海盗》吗？”小张一听，顿时有些激动：“喜欢！你怎么知道的？”小李说：“我猜的，哈哈！我也很喜欢约翰尼?德普！”

就这样，小张的话匣子被渐渐打开，他开始给小李讲了很多约翰尼?德普有趣的事情，两人聊得非常投机。

小李以“明星”为话题，迅速地拉近了与同事小张之间的距离。从别人感兴趣的话题发问，换来的是别人对你感兴趣。当你面对一个人时，如果想打破和对方之间沉默的尴尬，迅速拉近距离的最好办法是谈论对方所熟知的事情。如此一来，对方会对你的关心与询问表示感激。

故事微语

选择话题，除了注意对方的需求外，还要小心避开对方的禁忌，尽量选择“安全系数大”的话题。每个人除了有若干“禁区”外，还存在“敏感地带”，谈话中都应当小心避开。譬如，不幸者忌谈他遭受不幸的往事，失恋者忌谈爱情与婚姻问题，残疾人的家庭忌谈家中的那位残疾者等。对于一些很难处理的“敏感话题”，一般要尽量避而不谈。

心灵箴言

管理者的最基本功能是发展与维系一个畅通的沟通管道。

——[美] 巴纳德

如果想要改变自己的人生，就必须谨慎选用字眼，因为这些字眼能使你振奋、进取和乐观。

——[美] 安东尼·罗宾斯

将自己的热忱与经验融入谈话中，是打动人的速简方法，也是必然要件。如果你对自己的话不感兴趣，怎能期望他人感动？

——[美] 戴尔·卡内基

机灵一些，学会随机应变

故事话题

1995 年，李肇星出使智利参加两国外交部政治磋商。按照惯例，会谈结束要互赠礼物。李肇星把从中国带来的礼品——仿青铜工艺品“马踏飞燕”郑重地交给对方时，意想不到的事发生了。因为按照西方的习惯，受礼人要当着赠礼人的面将礼品打开，然后赞扬、致谢。可当智利外长解开精美的古色古香的包装盒时，包装盒内的骏马不是踏着飞燕，而是躺在飞燕的旁边。显然，礼物可能在运输途中破碎了。现场的气氛顿时凝固了。我们如何应对这种“国际性”的尴尬呢？李肇星迅疾做出了反应。只见他不慌不忙，从盒子里把骏马和飞燕拿出来，亲切地对智利外长说：“这是我国两千多年前的文物，十分珍贵。”他边说边把骏马与飞燕对接好，微笑地对主人说：“你看，这骏马奔腾的姿势，这矫燕飞翔的动作，是多么的生动、逼真，两千多年前人类就有这么高超的艺术水平、这么先进的铸造技术，就连今人也会自叹不如。”气氛开始缓和，在场的中方代表也为之松了口气。为了把尴尬化解得更圆满，李肇星又接着说：“古人也有考虑不周的地方，骏马与燕子结合的地方，做得不够结实——不过也不能责怪他们，他们哪里会想到，我们会万里迢迢把它带到大洋彼岸，送给我们最好的智利朋友呢？”李肇星这一段机智的妙语将原本凝固的气氛化解了，会客厅里洋溢着欢快的笑声。可见将错就错，自圆其说，也不失为一种化解尴尬的妙招啊。

故事解析

卡耐基曾经说过："掌握神奇机智的语言应变技巧，无论是对演讲还是对于谈判来说，都具有重要的作用。一个人在演说或表达技巧上，必须口齿伶俐，具备既快又清楚的表达能力，但最重要的是要有灵活应变的能力。因为说话中的潜在内容和听话人的种种反应等诸多因素的制约，在很多情况下，不能完全按预定的想法，一口气把话说完，所以在说话的过程中，应根据具体情况随机应变。"

有些人的个性害羞内向，不大愿意开口，导致别人无法了解你；有些人过于健谈，又给别人一种咄咄逼人、浮夸的感觉。"说还是不说？这是一个问题。"成功与失败往往一念之间，得罪别人或得人欢心也可能只是一句话而已，如何拿捏实在不是件容易的事，因此在面对不同的场合、不同的对象的时候，随机应变就成为一门非同小可的本领了。

一句话在不同场合、面对不同的人就有不同的说法，如果不能妥善运用，随机应变，是无法发挥功能的。因此，只有说话得体，在不同的语言环境下随机应变，才能取得最佳的表达效果。

故事穿越

三国时期吴国有一个叫诸葛瑾的人，是蜀汉丞相诸葛亮的哥哥，字子瑜。诸葛瑾的脸长得特别长，很难看。

有一次，吴王孙权宴请文武官员，诸葛瑾带着他的儿子诸葛恪一同参加。在宴席上，孙权竟然当场派人牵来一头驴，驴子额头上贴着“诸葛子瑜”的字条，以此取笑诸葛瑾，逗大家开心。

在场的人见到驴子长长的脸可以跟诸葛瑾的脸相提并论，都捧腹大笑。诸葛瑾被国君和文臣武将们当面取笑，心里很不是滋味，但在孙权和众多文武大臣面前又怎敢造次，只得忍气吞声，真想找个地洞钻进去。

坐在诸葛瑾身旁的诸葛恪十分气愤。他不顾国君和大臣的笑声，拿起毛笔走到驴子的面前，在“诸葛子瑜”的纸条上又添了“之驴”两个子，意思说这是诸葛瑾家的驴。在场的人见了，都惊住了，谁也不再发笑。孙权见到诸葛子瑜的儿子小小年纪，竟能随机应变，当场便将驴子赏赐给诸葛瑾。

故事微语

从某种意义上来讲，灵活应变可赢得沟通的成功，因为在沟通的过程中，形势的变化是难以预料的，往往会遇到一些意想不到的尴尬事情，这就要求沟通者具有灵活的语言应变能力，一旦处理不当出现尴尬的局面时。如果能根据眼前的危机灵活应变，将错就错，巧妙补救，就会出现新的生机。巧妙地摆脱困境。

心灵箴言

兵来将挡，水来土囤。

——单田芳

明者因时而变，知者随事而制。

—— 桓宽

圣人能与世推移，而俗士苦不知变。

—— 崔搭

多思考对方的“弦外之音”

故事话题

汉武帝刘彻有位乳母，在宫外犯了罪，被官府抓了，并禀告汉武帝。汉武帝心中十分为难，毕竟是自己的乳母，滴水之恩当涌泉相报，何况自己是她用乳汁养大的。但是，天子犯法与庶民同罪，如果不处置她，有失自己天子的尊严，以后何以君临天下？思来想去，汉武帝决定以大局为重，依法处置自己的乳母。

乳母深知汉武帝的为人，知道自己凶多吉少，便想起了能言善辩的东方朔，请求东方朔帮自己一把。东方朔也颇感为难，他想了想说：“办法也有，但必须靠你自己。”乳母急切地问：“什么办法？”东方朔说：“你只要在被抓走的时候，不断地回头注视皇帝，但千万不要说话，也许还有一线希望。”乳母虽不解其中玄机，但还是点了点头。

当传讯这位乳母时，她有意走到汉武帝面前向他辞行，用哀怨的眼神注视着武帝，几次欲言又止。汉武帝看着她，心里很不是滋味，有心想赦免她，又苦于君无戏言，无法反悔。

东方朔将这一切看在眼中，知道时机成熟了，便走过去，对那位乳母说：“你也太痴心了，如今皇上早已长大成人，哪里还会再靠你的乳汁活命呢？你不要再看了，赶紧走吧。”

汉武帝听出了东方朔的弦外之音，想起了小时候乳母对自己的百般疼爱，终于不忍心看乳母被处以刑罚，所以法外开恩，将她赦免了。

东方朔的正话反说终于救了乳母。

故事解析

人们常说，真理向前一步就可能变成谬误。同理，反面的话稍加引申就可能成为反面的反面——正面。在人际交往中，我们常常需要通过讲道理来说服别人。学会适当的时候说适当的话，就是要学会察言观色、把握时机，根据不同的对象、不同的场合，说恰如其分的话。

有些话直接说可能会使对方不能接受，为了避免尴尬，不妨正话反说。很多时候，当我们遇到一些不愉快的事情时，用正话反说的方法可能会收到更好的效果。对那些从事特殊工作的人们，在说话时更要看清对象，学会正话反说。反之，会给人带来不幸。

在客客气气的社交谈话中，有时实话实说是致命伤。别误解，这不是在鼓励说谎。这里讲的是一种高深艺术。我们必须牢记“说话莫忘看场合”，该反说时就反说。唯有巧妙地利用语境，做到情境相宜，才能攻破人们的心理防线。

故事穿越

三国时期，曹操很喜爱曹植的才华，因此想废了曹丕转立曹植为太子。当曹操就这件事征求贾诩的意见时，贾诩却一声不吭。曹操就很奇怪地问：“你为什么不说话？”

贾诩说：“我正在想一件事呢！”

曹操问：“你在想什么事呢？”

贾诩答：“我正在想袁绍、刘表废长立幼招致灾祸的事。”

曹操听后哈哈大笑，立刻明白了贾诩的言外之意，于是不再提废曹丕的事了。

在南朝时，齐高帝曾与当时的书法家王僧虔一起研习书法。有一次，高帝突然问王僧虔说：“你和我谁的字更好？”

这过问题比较难回答，说高帝的字比自己的好，是违心之言；说高帝的字不如自己，又会使高帝的面子搁不住，弄不好还会将君臣之间的关系弄得很糟糕。

王僧虔的回答很巧妙："我的字在臣子中算得最好，而您的字是君王中最好的。"

皇帝就那么几个，臣子却不计其数，王僧虔的言外之意是很清楚的。

高帝领悟了其中的言外之意，哈哈一笑，也就作罢，不再提这事了。

故事微语

心理学告诉我们，在不同的场合中，人们对他人的话语有不同的感受、理解，并表现出不同的心理承受能力，正是因为受特定场合心理的制约，有些话在某些特定环境中说比较好，但在另外的场合中说未必佳；同样的一句话，在这里说和在那里说效果就不一样，说什么，怎么说，一定要顾及说话环境，才能取得良好的说话效果。

心灵箴言

弦歌知雅意

——《吕氏春秋》

人有不及，可以情恕。

——房玄龄

曲妙人不能尽和，言是人不能皆信。

——王充

第五篇

言行谨慎：不轻视失言带来的层层涟漪

《礼记·缁衣》云：“君子道人以言而禁人以行，故言必虑其所终，而行必稽其所敝，则民谨于言而慎于行。”

谨言慎行是历代先贤告诫后人为人处世的基本准则。人们常说：“病从口入，祸从口出。”也是这个意思。一个不善于辞令、口不择言之人，常会给自己招致羞辱。我们都知道，东西坏了，还可以修复，实在不行干脆换个新的。可在沟通的过程中，一个人言语失当，就非常难以补救了；古人说的“一言既出，驷马难追”就是这个道理。

沟通时要懂得察言观色

故事话题

当年刘邦与项羽对峙于荥阳时，楚汉两军排开阵势，项羽搦战，要和刘邦单挑，刘邦远远喊话说："傻子才跟你单挑呢。"

这时候项羽的部下突发冷箭，一箭射中了刘邦的胸口，刘邦差点没挂掉，但考虑到大军对垒，众目睽睽之下，绝对不可以伤了士气，于是就捂了捂脚趾头，大声喊道："小贼居然敢射我的脚趾！"汉军见主帅中箭也没事，士气高涨，而项羽见没射死刘邦，非常失望。

荥阳之战刘邦败北后，让韩信北上灭赵国，开辟第二战场，韩信一路攻灭几大诸侯，一直打到山东灭了齐国。派使者来见刘邦，要求刘邦封他做代齐王。

刘邦在中原打不过项羽，憋了一肚子的火，听了使者的话后大发雷霆说："什么？我才不过是个汉王，他韩信当了大将军还不够？竟然要我封他代齐王！"

此时谋士陈平在刘邦身边，不动声色地踢了刘邦一脚，提醒刘邦：韩信的大军对楚汉之争的大业来说无比重要。刘邦心领神会，马上领会到陈平的意思，认识到了自己的错误，于是接着上面那句对使者说："没出息，做什么代齐王啊，要做就做真齐王！你回去告诉韩信，我封他做齐王！"

韩信当上齐王之后，立即发兵包围项羽，经过垓下一战彻底消灭了项羽，为三百年汉朝盛世立下首功。

故事解析

汉高祖刘邦并非皇室贵胄，他崛起于行伍之间，有着常人难及的察言观色的能力。这种能力有时候非常重要，能挽狂澜于即倒，拯命运于水火。

察言观色是一切人情往来中操纵自如的基本技术。不会察言观色，等于不知风向便去转动舵柄，世事国通无从谈起，弄不好还会在小风浪中翻了船。这是因为人类的直觉虽然敏感。却容易受人蒙蔽，而懂得如何推理和判断是察言观色所追求的顶级技艺。

人们在说话中的言辞能透露出一个人的品格，表情和眼神能让我们窥测其内心；衣着、坐姿、手势也会在毫无知觉之中出卖它们的主人。言谈能告诉你一个人的地位、性格、品质及至内心流露的情绪，因此善于察言观色是沟通的关键所在。

如果说察言犹有迹可循的话，那么观色就像是“看云识天气”般，里头有着很深的学问，这是因为不是所有人在所有时间和场合都能喜怒形于色，相反是“笑在脸上，哭在心里”。

观“眼色”是“观色”中最应关注的重点。眼睛是心灵的窗户，它最能不由自主地告诉我们真相，此外人的坐姿和服装同样有助于我们观察入微，进而识别他人，对其内心意图洞若观火。

故事穿越

清朝有一个举人经过三科考试，最后得了一个山东某县县令的职位。

此人第一次去拜见巡抚大人，想不出该说什么话。沉默了一会，忽然问道："大人尊姓？"这位巡抚很吃惊，勉强说了姓塔。县令低头想了很久，说："大人的姓，百家姓中所没有。"

巡抚更加惊异，说："我是旗人，贵县不知道吗？"县令又站起来，说："大人在哪一旗？"巡抚说："正红旗。"

县令说："正黄旗最好，大人怎么不在正黄旗呢？"巡抚勃然大怒，问："贵县是哪一省的人？"县令说："广西。"巡抚说："广东最好，你为什么不在广东？"

县令吃了一惊，这才发现上司满脸怒气，赶快走了出去。第二天，上司令他回去，任学校教职。究其原因，便是不会察言观色。

故事微语

在日常交际中察言观色，随机应变，无疑是一种本领。此外，当我们遇见一些意想不到的情况时，如何对这些意料之外的信息敏锐地感知、恰当地处理则更是一种才能，在人际交往中，对他人的言语、表情、手势、动作以及看似不经意的行为能进行较为敏锐细致的观察，是掌握对方意图的先决条件，正所谓“测得风向，才能使舵。”

心灵箴言

在交谈中，判断比雄辩更重要。

——[西班牙] 格拉西安

智者善于察言观色，愚者不会“投其所好”

——俗语

夫达也者，质直而好义，察言而观色，虑以下人。

——论语

婉转一些，不要直面锋芒

故事话题

美国在日本投下两颗原子弹后，原子弹的巨大威力在国际社会引起了强烈反响。这时美国媒体开始关注同样拥有原子弹技术的苏联。

苏联到底有多少颗原子弹成为美国新闻媒体的焦点话题。因此，当苏联外交部长莫洛托夫到美国访问时，美国记者迫不及待地问道："部长先生，请问苏联现在有多少颗原子弹？"

这一问题明显涉及了国家机密。虽然莫洛托夫有些不快，但是为了避免其他记者在这一问题上纠缠不清，他答道："足够！"

这一巧妙的回答，既避开了问题的话锋，保守了国家机密，又回答了记者的问题，并且显示了苏联国力的强盛，可谓一箭三雕。

故事解析

在生活中，当面对别人的挑衅时，如果不想把双方的关系搞僵，不想把场面搞得太尴尬，避实就虚是个非常不错的办法。

一旦遇到上文这种情况时，采用避实就虚的手段，不但能让自己摆脱困境，变主动为被动，还可以将问题的重点转移，从而达到回击对方的目的。我们在面临困境时，一定要冷静分析，做到处变不惊。避开正面的攻击，达到全身而退或者击败对方的目的。

有时候为了保全自己的利益，我们应该设法避开一些难于应付的问题。有时候为了照顾自己的面子，你也要学会避开别人的提问。如太极拳那般“避实就虚”。

回避问题并非是懦弱，有时候拥有回避的本领比勇气还要可贵，在某些重要的场合，如果因为一个非常困难的问题没有能答上来，很可能前功尽弃，虽然巧妙应对棘手问题的方法还有很多，比如你可以采用类比的方式，借助事实说话等等。但万事都是相通的，你也可以多从其他方面吸收营养，为自己的人生道路保驾护航，让棘手的问题不再是你的羁绊。

故事穿越

民国时期，奉系军阀的统帅张作霖，对付日本人很有一套，所以日本人对他又恨又怕。

有一次，张作霖应邀参加一个宴席时，几个在场的日本人知道张作霖出身土匪是个粗人，对字画之类一窍不通，于是故意刁难他，请他即席作一幅字画赠给他们。

张作霖虽然性情粗狂，却是个明白人，他知道这些日本人是不怀好意的，目的是想让他当众出丑。张作霖却非常爽快地答应了日本人的要求。只见他走到桌前，大笔一挥在宣纸上写下了一个“虎”字，然后落款“张作霖手黑”。

这让在场的客人都面面相觑，一时之间不能理解其意，几个日本人更是摸不着头脑。这时，张作霖的秘书立刻反应过来，他连忙在张作霖耳边低声提醒道：“大帅，您的‘墨’字下边少写了一个‘土’。‘手墨’写成了‘手黑’。”

这时在场的很多了解张作霖的中国客人也很快明白了事情的原委。正当大家为张作霖如何收场而担心时，只见他拍了拍秘书的肩膀，然后大声训斥说：“你以为我不晓得这个‘墨’字下面还有个‘土’字吗？我这是故意少写的，因为这是日本想要的东西，我这叫‘寸土不让’！”

这一番话，立刻博得了满堂喝彩，众人纷纷拍手叫好。几个日本人不但没有达到让张作霖出丑的目的，反而被张作霖羞辱了一番，最后只得灰溜溜地离去。

故事微语

有时，言语的狂风，常常会伴着飞沙走石，狂烈地向我们奔来。我们要处乱不惊，敏锐地避开沙石的袭击，巧妙地迎接风暴的来临！

心灵箴言

兵之形，避实而击虚。

——《孙子·虚实》

善用兵者，避其锐气，击其惰归。

—— 孙子

利而诱之，乱而取之，实而备之，强而避之。

——《孙子兵法·计篇》

说话最忌讳口无遮拦

故事话题

邱先生在一家知名外企做事。有一次，项目经理告诉他，要给单位做一个宣传方案的策划，经过大家讨论后，邱先生完全按照项目经理的意思加班加点，并顺利完成策划。但是，当策划方案交到该项目主管那里后，他却被狠批了一通。

在领导面前，邱先生说，这方案是他们小组所有人讨论的结果，而且，他们项目经理也非常赞同，这个策划案 60% 都是项目经理的想法。可没想到领导直接把项目经理叫来，当面对质。主管领导追问项目经理：“听说这都是你想的，就这种东西还能叫方案？还值得你们那么多人来集体策划？我看你这个项目经理还是不要当了。”

从主管领导的办公室出来后，邱先生又被项目经理狠批了一顿。项目经理告诫他，以后说话前动点脑子，别一五一十把什么都说出去。

故事解析

与人谈话一定要注意委婉周全，如果口无遮拦，直来直去往往会带来不良的效果，害人害己，在和同学、同事和领导的交流中，我们一定要掌握说话、办事的艺术，什么话该说或不该说，要拿捏得准确。有时候，吃亏就是因为说了不该说的话。正所谓话到嘴边留三分。而面对一些揭人短的老实话更是万万不能轻易说出口。

有些人不懂得说话时掌握分寸，“快人快语”，在人际交往中容易得罪他人，会导致自己在人际关系上屡遭挫折。千万要记住，不要以心直口快作为挡箭牌，心口一致固然好，但要留个把门的，该直则直，该婉则婉。即使需要直接对别人提出批评时，也应讲究方式方法，让对方理解你真是为他好，从而引起他发自内心的自我批评，才会起到批评的效果。同样，如果在谈话时能够灵活机警，则会带来意想不到的效果。

相传古代某布政使请按察使喝酒。席间，布政使因自己的儿子太多而表示忧虑。按察使只有一个儿子，又为儿子太少而发愁。一案吏在旁边说：“子好不须多。”布政使听了这话，于是说：“我的儿子多，又怎么办呢?”那位案吏回答：“子好不愁多。”二人皆大欢喜，大加赞赏，一起举杯痛饮。

这故事说明了一个心理成熟、懂得社交技巧的人应该知道，在什么时候该以怎样合适的方式说话。实话不一定要直说，而可以幽默地说、婉转地说或者延迟点说，私下交流而不是当众说，等等。同样是说实话，用不同的方式说，效果会有很大的不同。

故事穿越

张小姐在国家某机关做办公室文员，她性格内向，不太爱说话。可每当就某件事情征求她的意见时，她说出来的话总是很伤人，而且她的话总是在揭别人的“短处”。有一次，同一部门的同事穿了件新衣服，别人都称赞“漂亮”、“合适”之类的话，可当人家问张小姐感觉如何时，她便毫不犹豫地回答说：“你身材太胖，不适合。这颜色对于你这个年纪的人显得太嫩，根本不合适。”

这话一出口，原本兴致勃勃的同事表情马上就僵住了，而周围大赞衣服好的人也很尴尬。因为，张小姐说的话就是大家都不愿说的得罪人的“老实话”。虽然有时她也很为自己说出的话不招人喜欢而后悔，但她总是忍不住说些让人接受不了的实话。久而久之，同事们都把她排除在集体之外，很少就某件事再去征求她的意见，她也成了这个办公室的“外人”。

故事微语

生活中有些人快人快语，有啥说啥，话无禁忌，不知道什么该说、什么不该说。如果是在一个熟悉的环境里，大家都知道你的个性，可能无所谓。但是，在陌生环境中，和你不熟悉的人想说什么就说什么，不分场合、不分对象是绝对不可以的。

心灵箴言

管住嘴，迈开腿。

——谚语

一言而可以兴邦。

——《论语·子路》

说话周到比雄辩好，措辞适当比恭维好。

——[英] 培根

傲慢的态度滋生难听的话语

故事话题

在一次招待会上，苏联领导人赫鲁晓夫因为对美国通过的一项关于被奴役国家的决议十分不满，便对前来赴会的美国副总统尼克松傲慢无礼地说道：“我很不明白你们的国会为什么在如此一次重要的国事访问前夕，通过这么一项决议。”

说到这里，他十分愤怒，大声嚷嚷起来：“你们这个决议臭得像刚拉下来的马粪，没有比这马粪更臭的东西了！”说完，赫鲁晓夫盯着尼克松。尼克松决定以牙还牙，将他一军，他想起他看过的背景材料里曾提到过赫鲁晓夫年轻的时候当过猪倌。

于是，尼克松也盯着赫鲁晓夫，用平静的语气，不紧不慢地回敬道：“我想主席大概弄错了，还有一样东西比马粪更臭，那就是猪粪！”

赫鲁晓夫听后，傲气大挫，刹那间赫鲁晓夫额头上的青筋都冒出来了。可是他突然又展开笑颜说：“说得很对，你之前说我们应该谈点别的，也许你说对了。”

俄罗斯有一个著名的小丑叫杜罗夫。有一次，杜罗夫在表演后台休息，这时候突然来了一位十分傲慢的观众，他走到杜罗夫的身边用一种讥讽的语气说：“小丑先生，听说观众都非常喜欢你呀！”杜罗夫回答：“还好。”

那个观众继续轻蔑地说：“那你说，要想在马戏团受欢迎，小丑是不是就必须长着一张奇怪又愚蠢的脸蛋儿呢？”杜罗夫听后并没有大怒，而是微笑着反击回去：“确实如此。不过，如果我能长一张像先生您这样的脸蛋儿，我肯定能拿双倍工资！”

故事解析

日常交际中，有些人会因为自己的容貌、资质等优势而表现出一种目中无人、蔑视他人的高傲，甚至会蓄意攻击他人。他们就像交际场中高傲的孔雀，高高地翘着它的尾巴，把周围的一切都不放在眼里。面对这样的谈话对象，适当地挫其锐气，就会压制他的气焰，让他平等地审视自己。俗话说“以眼还眼，以牙还牙”，对于这种给他人带来不快、严重影响他人情绪的人，需要进行有力的反击，抑制其恶性发展，向正常的沟通过渡。

俗话说：“害人之心不可有，防人之心不可无。”掌握随机应变的语言表达能力很重要。面对傲慢无礼者，该表现出刚强的时候要刚强，该反击的时候要反击。这样，才不会被视为弱者，相反还会赢来对方的尊重。在说服高傲无礼者时，气势起着非常关键的作用。面对底气不足、唯唯诺诺、不敢与别人针锋相对的人，高傲者自然会看不起你；反之，若遇到理直气壮、临危不惧的人，高傲者就会被气势压倒，开始思考你的意见。

故事穿越

身为英国的驻日公使，巴克斯是一个十分高傲的人，他同日本外务大臣寺岛宗常和陆军大臣西乡南州打交道时，经常对他们不屑一顾，甚至有时还加以嘲讽。但是他有一个弱点，那就是每当他碰到棘手的事情时，总会说："等我和法国公使谈了之后再回答吧！"寺岛宗常和西乡南州决定利用这句话攻击巴克斯，使其改变这种傲气十足的行为。

一天，西乡南州故意问巴克斯："我很冒昧地问你一件事，英国到底是不是法国的属国呢？"巴克斯听后又傲慢无礼地答道："你这说得太荒唐了。如果你是日本陆军大臣你完全应该知道英国不是法国的附属国，英国是世界上最伟大的君主立宪制国家，甚至连德意志共和国也不能与之相提并论！"

这时候，西乡南州说："我以前也认为英国是个强大的独立国，现在却不这样认为了。"巴克斯愤怒地质问道："为什么？"

西乡南州说："阁下无论事情大小，都先与法国公使商谈，如果英国不是法国的附属国，请问，你每次这么做，有这个必要吗？"巴克斯气得说不出话来，从此也再不敢轻视西乡南州。

故事微语

傲慢的人不会聆听或同意你的看法的，所以不必和他们辩论。因为他们一直要控制状况，他们会一直告诉你：你是错的，这可能会使你觉得没有安全感或者内疚。也不必因此而生气，因为这是他们要看到的。你只要知道自己已经看清楚对方的动机和诡计、对方的软弱和不安全。你只需要冷静和理智地反应，积极地处理事情，不必使怒气和情绪激动升级，避免双输的局面。

心灵箴言

骄傲是无知的产物。

——[古希腊] 苏格拉底

傲慢是一种得不到支持的尊严。

——[法] 巴尔扎克

最大的骄傲与最大的自卑都表示心灵的最软弱无力。

——[荷兰] 斯宾诺莎

把握好说与不说之间的尺度

故事话题

印度有一位哲学家，饱读经书，富有才情，很多女人迷恋他。一天，一个女子来敲他的门，说：“让我做你的妻子吧！错过我，你将再也找不到比我更爱你的女人了！”哲学家虽然也很喜欢她，却回答说：“让我考虑考虑。”

哲学家用一贯研究学问的精神，将结婚和不结婚的好坏所在，分别罗列下来，却发现两种选择好坏均等，真不知该怎么办。于是，他陷入长期的苦恼之中，无论又找出了什么新的理由，都只是徒增选择的困难。

最后，他得出一个结论——人若在面临抉择而无法取舍的时候，应该选择自己尚未经历过的那一个。不结婚的处境我是清楚的，但结婚会是个怎样的情况，我还不知道。对！我该答应那个女人的央求。

哲学家来到女人的家中，问女人的父亲：“你的女儿呢？请你告诉她，我考虑清楚了，我决定娶她为妻！”女人的父亲冷漠地回答：“你晚来了 10 年，我女儿现在已经是 3 个孩子的妈了！”

哲学家听了，几乎崩溃。他万万没有想到，向来引以为傲的哲学头脑，最后换来的竟然是一场悔恨。两年后，哲学家抑郁成疾。临终，他将自己所有的著作丢入火堆，只留下一句对人生的批注——如果将人生一分为二，那么我们前半段人生哲学应该是“不犹豫”，而后半段的人生哲学应该是“不后悔”。

故事解析

说还是不说，这真是一个问题，如果凡事都像哲学家那样考虑周全再说，恐怕大家都老了，但也不能不经过一番思考就贸然说出口，这样的话又趋于感性而非理性，在说与不说之间有一个尺度。

实际上安全沟通的要领，就在于要避免“话一出口就后悔”，然而还要提醒自己“不说一样会后悔”。我们需要用心去揣测对方，将心比心，寻找可以打动对方的第一句话，务求能够顺利地完成沟通的任务。如果第一句话不能打动听者的心，恐怕就要沟而不通了。

让对方听得进去，是沟通的第一步。只有听得进去，才有沟而能通的可能。听得进去，才有互动的可能。根本听不进去，说了半天，还不是白讲？许多人沟而不通，便是对方一句话也听不进去，自己说得再对也没有任何的作用。

有时候多说无益，不如不说。而在不说的时候，也要用心思考，怎样才能说得通。

故事穿越

小华回家，不告诉父母明天老师开会，不必做作业。吃过晚饭以后，便一直看电视，把父亲惹火了，问："做一个学生，可以不读书，不做作业，一直看电视吗？"

小华这时候才回答："明天老师要开会，没有留作业。难得一天这样，多看一些电视不可以吗？"

小华年轻不懂事，总认为自己很有道理，回答得理直气壮。殊不知小华如果回答得没有道理，父亲还可以骂他。如今回答得如此有道理，父亲更是下不了台，于是恼羞成怒地说："好，老师没有指定作业，对不对？来，把课本拿来，我出十个作业题给你做，免得你浪费时光，养成坏习惯。"结果小华哭哭啼啼，做到十点还没有做完。

故事微语

有时候一些事情是不必避讳的，不要藏着掖着，因为沟通的目的就在于达成某种企图，否则就成闲聊了。但是，如果率直地把企图表露出来，又可能很难为对方所接受。因此我们通常会假借说明某种事物，测试对方的反应，进而表达一定的感情，建立有利于完成企图的关系，我们不应该把这种过程当做不诚实的表现。

心灵箴言

在懦夫和犹豫不决者眼里，任何事情看上去都是不会成功的。

——[英] 司各特

猛虎之犹豫，不若蜂虿之致螫；骐骥之跼躅，不如驽马之安步步。

——司马迁

我们为什么会害怕？这是由于我们做事不能当机立断，一旦犹豫不决的时候，我们便会畏缩。但如果能够对某件事做明确的判断时，不论有无价值，我们都不会畏缩。

——李小龙

心灵榜样微史话

商鞅

商鞅（约前 395—前 338），战国时期政治家、改革家、思想家，法家代表人物，卫国（今河南省安阳市内黄县梁庄镇）人，卫国国君的后裔，姬姓公孙氏，故又称卫鞅、公孙鞅。后因在河西之战中立功获封商于十五邑，号为商君，故称之为商鞅。

商鞅通过变法使秦国成为富裕强大的国家，史称“商鞅变法”。政治上，商鞅改革了秦国户籍、军功爵位、土地制度、行政区划、税收、度量衡以及民风民俗，并制定了严酷的法律；经济上商鞅主张重农抑商、奖励耕织；军事上商鞅作为统帅率领秦军收复了河西。

公元前 338 年，秦孝公逝世，其子秦惠文王继位。秦孝公去世的同年，商鞅因被公子虔诬陷谋反，战败死于彤地，其尸身被带回咸阳，处以车裂后示众。

管仲

管仲（前 719—前 645），姬姓，管氏，名夷吾，字仲，谥敬，春秋时期法家代表人物。被称为管子、管夷吾、管敬仲。颍上（今安徽省颍上县）人，周穆王的后代。是中国古代著名的经济学家、政治家、军事家。被誉为“法家先驱”、“圣人之师”、“华夏文明的保护者”、“华夏第一相”。

管仲少时丧父，老母在堂，生活贫苦，不得不过早地挑起家庭重担，为维持生计，与鲍叔牙合伙经商失败，后从军，到齐国，几经曲折，经鲍叔牙力荐，成为齐国上卿(即宰相)，辅佐齐桓公成为春秋时期第一霸主。

《孟子·告子下》中说“管夷吾举于士”。是指管夷吾是从狱官手里被释放并加以任用的。管仲在任内大兴改革，富国强兵，重视商业，使得齐国富强，国君称霸。

刘邦

汉高祖刘邦，沛丰邑中阳里人，汉朝开国皇帝，汉民族和汉文化伟大的开拓者之一、中国历史上杰出的政治家、卓越的战略家和指挥家。对汉族的发展，以及中国的统一和强大有突出贡献。

刘邦出身农家，为人豁达大度，不事生产。早年是沛县泗水亭长、后尊称沛公、汉王。秦时因释放刑徒而亡匿芒砀山中。陈胜起事后不久，集合县中约3千子弟响应起义，攻占沛县等地，称沛公，不久投奔项梁。公元前206年十月，刘邦军进驻霸上，秦王子婴向刘邦投降，秦朝灭亡。

刘邦废秦苛法，与关中父老约法三章。鸿门宴后封为汉王，统治巴蜀地及汉中一带。楚汉战争前期，屡屡败北。但他知人善任，注意纳谏，能充分发挥部下的才能，又注意联合各地反对项羽的力量，终于反败为胜。击败西楚霸王项羽后统一天下。公元前202年2月28日，刘邦于荥阳氾水之阳即皇帝位，定都长安，史称西汉。

诸葛恪

诸葛恪（203—253），字元逊，琅邪阳都（今山东沂南）人。三国时期东吴重臣，吴大将军诸葛瑾长子，蜀丞相诸葛亮之侄。从小就以神童著称，深受孙权赏识，弱冠拜骑都尉，孙登为太子时，诸葛恪为左辅都尉，为东宫幕僚领袖。曾任丹杨太守，平定山越。

陆逊病故，诸葛恪领其兵，为大将军，主管上游军事。孙权临终前为托孤大臣之首。孙亮继位后，诸葛恪掌握吴国军政大权，初期革新政治，并率军抗魏取得东兴大捷。此后诸葛恪开始轻敌，大举兴兵伐魏，惨遭新城之败。回军后为掩饰过错，更加独断专权。后被孙峻联合孙亮设计杀害，被夷灭三族。

启功

启功（1912—2005），姓爱新觉罗，字元白，也作元伯，号苑北居士，北京市满人，清代皇族之后。中国当代著名书画家、教育家、古典文献学家、鉴定家、红学家、诗人，国学大师。曾任北京师范大学副教授、教授，中国人民政治协商会议全国委员会常务委员、国家文物鉴定委员会主任委员、中央文史研究馆馆长、博士研究生导师、九三学社顾问、中国书法家协会名誉主席，世界华人书画家联合会创会主席，中国佛教协会、故宫博物院、国家博物馆顾问，西泠印社社长。

张作霖

张作霖（1875—1928），字雨亭，汉族，奉天省海城县驾掌寺乡马家房村西小洼屯（今辽宁省海城市）人。著名爱国将领张学良的父亲。张作霖乳名老疙瘩，他喜欢别人叫他“张大帅”。

张作霖自幼出身贫苦农家，参加过中日甲午战争，后投身绿林，势力壮大，清政府无力征剿，就将其招安。张作霖协助清廷剿灭杜立三等土匪势力，后又消除蒙患，维护国家统一，逐步提升，先后担任奉天督军、东三省巡阅使等，号称“东北王”，成为北洋军奉系首领。

第二次直奉战争胜利后，张作霖打进北京，任陆海军大元帅，代表中华民国行使统治权，成为国家最高统治者 。在位期间曾多次抵制日本人的拉拢，拒绝签订卖国条约。1928 年因前线战事不利，张作霖被迫返回东北。

1928 年 6 月 4 日，张作霖乘火车时被日本关东军预埋的炸药炸成重伤，史称皇姑屯事件，当日送回沈阳官邸后即逝世。

徐志摩

徐志摩，（1897 年 1 月 15 日—1931 年 11 月 19 日），浙江海宁人，现代诗人、散文家。原名章垿，字槱森，留学英国时改名志摩。曾经用过的笔名有南湖、诗哲、海谷、谷、大兵、云中鹤、仙鹤、删我、心手、黄狗、谔谔等。

徐志摩是新月派代表诗人，新月诗社成员。1915 年毕业于杭州一中，先后就读于上海沪江大学、天津北洋大学和北京大学。1918 年赴美国克拉克大学学习银行学。十个月即告毕业，获学士学位，得一等荣誉奖。同年，转入哥伦比亚大学的研究院，进经济系。 1921 年赴英国留学，入剑桥大学当特别生，研究政治经济学。

徐志摩在剑桥大学的两年里，深受西方教育的熏陶及欧美浪漫主义和唯美派诗人的影响。1923 年成立新月社。1924 年任北京大学教授。1926 年任光华大学、大夏大学和南京中央大学（1949 年更名为南京大学）教授。1930 年辞去了上海和南京的职务，应胡适之邀，再度任北京大学教授，兼北京女子师范大学教授。1931 年 11 月 19 日因飞机失事罹难。代表作品有《再别康桥》、《翡冷翠的一夜》。

陆小曼

陆小曼（1903—1965），江苏常州人，近代女画家。1915 年就读圣心学堂，她 18 岁就精通英文和法文。她是个画家，师从刘海粟、陈半丁、贺天健等名家，父亲陆定原是财政部的赋税司司长。1922 年陆小曼和王庚结婚，1925 年离婚。1926 年与徐志摩结婚，同年参加了中国女子书画会，1941 年在上海开个人画展，晚年被吸收为上海中国画院专业画师，上海美术家协会会员，曾参加新中国第一次和第二次全国画展。她擅长戏剧，曾与徐志摩合作创作《卞昆冈》五幕话剧。她谙昆曲，也能演皮黄，写得一手好文章，有深厚的古文功底和扎实的文字修饰能力。

金庸

金庸（1924 年 3 月 10 日—），本名查良镛，浙江海宁人。武侠小说作家、新闻学家、企业家、政治评论家、社会活动家，中国作家协会名誉副主席，《中华人民共和国香港特别行政区基本法》主要起草人之一、香港最高荣衔“大紫荆勋章” 获得者，华人作家首富。1999—2005 年曾任浙江大学人文学院院长。

毕业于上海东吴大学法学院（后并入华东政法大学），1948 年移居香港，是香港《明报》创办人。创作了 15 部武侠小说。

金庸被普遍誉为武侠小说作家的“泰山北斗”。其作品艺术成就高、影响力大。其作品多次被改编为电视剧、电影、广播剧等。

乔羽

乔羽（1927—），山东济宁人。中共党员。幼时家庭生活拮据，靠哥哥做店员维持生活。高中期间当过小学教员。1946 年初入晋冀鲁豫边区北方大学学习，开始在报刊发表诗歌和小说，还写过秧歌剧。

1948 年毕业于晋冀鲁豫边区北方大学艺术学院。1948 年华北联合大学与北方大学合并为华北大学，调入华大三部创作室，开始专业创作。2010 年 4 月 9 日，担任北京大学歌剧研究院名誉院长。

萧伯纳

萧伯纳（1856 年 7 月 26 日—1950 年 11 月 2 日），爱尔兰剧作家，1925 年因为作品具有理想主义和人道主义而获诺贝尔文学奖，是英国现代杰出的现实主义戏剧作家，是世界著名的擅长幽默与讽刺的语言大师，还是积极的社会活动家和费边社会主义的宣传者。

他支持妇女的权利，呼吁选举制度的根本变革，倡导收入平等，主张废除私有财产。萧伯纳的一生，是和社会主义运动发生密切关系的一生，他认真研读过《资本论》，公开声言他“是一个普通的无产者”、“一个社会主义者”。

他主张艺术应当反映迫切的社会问题，反对“为艺术而艺术”。其思想深受德国哲学家叔本华及尼采的影响，而且又曾读过马克思的著作，不过他主张用渐进的方法改变资本主义制度，反对暴力革命。

卡夫卡

弗兰兹·卡夫卡（1883—1924），奥地利小说家。卡夫卡是欧洲著名的表现主义作家。他生活在奥匈帝国行将崩溃的时代，又深受尼采、柏格森哲学影响，对政治事件也一直抱旁观态度，故其作品大都用变形荒诞的形象和象征直觉的手法，表现被充满敌意的社会环境所包围的孤立、绝望的个人。

他的文笔明净而想象奇诡，常采用寓言体，令 20 世纪各个写作流派纷纷追认其为先驱。

卡夫卡是捷克人，他是西方现代派文学的宗师和探险者，他的创作风格是表现主义，是表现主义作家中创作上最有成就者。他生活和创作的主要时期是在一战前后，当时，经济萧条，社会腐败，人民穷困，这一切使得卡夫卡终生生活在痛苦与孤独之中。于是，对社会的陌生感，孤独感与恐惧感，成了他创作的永恒主题。美国诗人奥登评价卡夫卡时说：“卡夫卡对我们至关重要，因为他的困境就是现代人的困境。

心灵修养用语微解

婉转： 可以形容言辞委婉含蓄，也可用来形容声音动听。

调侃： 现在多指用言语和他人开玩笑或用言辞嘲弄，戏谑。

涟漪： 被风吹起的水面波纹。《诗经·魏风·伐檀》：“坎坎伐檀兮，置之河之干兮，河水清且涟漪。” 现在用以形容心里细微的活动。

沟通： 沟通是人与人之间、人与群体之间思想与感情的传递和反馈的过程，以求思想达成一致和感情的通畅。

气度： 指气魄风度、诗文气韵。气度也是一个人心理素质的表现形式，它是决定一个人成败的重要因素。提高一个人的气度，就是提高一个人的素质修养。

婉拒： 委婉地拒绝，就是不想做别人说的事，但是直说的话会有副作用（伤心、影响以后的关系），就找理由说自己做不到。
慷慨：指大方；不吝啬。

执念： 是一种态度，对待自己，对待他人，对待社会，对待生命的态度。是个人存在的证明，是个人判断善恶好坏的唯一标准。对某物、某人或某事特别执著，当执著过分的时候就会有怨念。没有执念的人没有标准。

内涵： 是一种抽象的感觉，是某个人对一个人或某件事的一种认知感觉，内涵不是广义的，是局限在某一特定人对待某一人或某一事的看法。内涵不是表面上的东西，而是内在的、隐藏在事物深处的东西，需要探索、挖掘才可以看到。

净化： 净化是指清除不好的或不需要的杂质，使物品达到纯净的程度。概述在一定空间范围内，将空气中的微粒子、有害空气、细菌等污染物排除，并将室内温度、洁净度、压力、气流速度与气流分布、噪声振动及照明、静电控制在某一需求范围内的工程学科。

平常心：具体表现为对自己做任何事的成功和失败的概率有准确的预测。二是既积极主动，尽力而为，又顺其自然，不苛求事事完美。有从容淡定的自信心。做好每天要做的事情，享受生活，享受做好每一件事情所带来的快乐，就会有足够的力量承担一旦到来的挫折和痛苦。

随机应变：道家观点。比喻随着自然情况的变化要灵活机智地应付。

弦外之音：比喻言外之意，即在话里间接透露，而不是明说出来的意思。

口无遮拦：指说话随意，不分场合。出自柳建伟《英雄时代》第十章："我喝点马尿，就口无遮拦。"

取长补短：吸取别人的长处，来弥补自己的不足之处。 也泛指在同类事物中吸取这个的长处来弥补那个的短处。

溜须拍马："用来形容对他人阿谀逢迎，对他人不切实际甚至虚妄地夸大、"赞扬"，以博取对方好感。很明显，这是一个贬义词。

人生价值：人生价值是人生观体系中的一个重要的范畴，价值"具体"在人生观领域中表现。在一定意义上，人生的价值是人生的意义，评估人生"价值量"大小，可以理解人生的意义如何，理解人生意义大小。

画龙点睛：张僧繇于金陵安乐寺画四龙于壁，不点睛。每曰："点之即飞去。"人以为诞，因点其一。须臾，雷电破壁，一龙乘云上天，不点睛者皆在。这则故事原来是说南北朝著名的画家张僧繇绘画技艺神妙，后多比喻写文章或讲话时，在关键词处用几句话点明实质，使内容生动。

思维定势：也称"惯性思维"，是由先前的活动而造成的一种对活动的特殊的心理准备状态，或活动的倾向性。在环境不变的条件下，定势使人能够应用已掌握的方法迅速解决问题。而在情境发生变化时，它则会妨碍人采用新的方法。消极的思维定势是束缚创造性思维的枷锁。